三国控

一本三国参透中国管理之道

刘川 —— 编著

中国华侨出版社
·北京·

图书在版编目 (CIP) 数据

三国控：一本三国参透中国管理之道 / 刘川编著
. — 北京：中国华侨出版社，2013.1（2024.1 重印）
ISBN 978-7-5113-3213-4

Ⅰ.①三… Ⅱ.①刘… Ⅲ.①企业管理—通俗读物
Ⅳ.①F270-49

中国版本图书馆 CIP 数据核字（2013）第 008674 号

三国控：一本三国参透中国管理之道

| 编 著：刘 川
| 责任编辑：刘晓燕
| 封面设计：朱晓艳
| 经 销：新华书店
| 开 本：710 mm×1000 mm 1/16 开 印张：13 字数：160 千字
| 印 刷：三河市天润建兴印务有限公司
| 版 次：2013 年 1 月第 1 版
| 印 次：2024 年 1 月第 2 次印刷
| 书 号：ISBN 978-7-5113-3213-4
| 定 价：49.80 元

中国华侨出版社 北京市朝阳区西坝河东里 77 号楼底商 5 号 邮编：100028
发 行 部：（010）64443051 传 真：64439708
网 址：www.oveaschin.com E-mail：oveaschin@sina.com

如果发现印装质量问题，影响阅读，请与印刷厂联系调换。

前 言
Preface

说到《三国演义》，无人不知无人不晓，我们常常流连于英雄的侠肝义胆，常常会对其间的风云往事感慨良多。的确，不管是古代还是当下，人们都需要运用自己的智慧去处理各种各样的难题。作为一个领导也是如此，在那个三分天下的时代，不管是曹操、刘备，还是孙权，对于治理自己的国家都有着自己的一套管理理论。尽管那个时代存续的时间并不是很长，但却通过后续作家的笔触为我们留下了相当宝贵的思想财富。

事实上，《三国演义》并不仅仅讲述了一段历史，还记录了无数管理文化，它告诉我们有才华是必需的，会管理也是百分之百要注意的。作为一个领导者，不仅自己要力求自我完善，保持长久的学习精神，还要锻炼自己的魄力，以及对待危机事件的从容心态。当然这仅仅是一小部分，三国时期可谓英雄辈出，之所以在很多问题上有成有败，有兴盛有衰落，其主要原因还在于他们对每件事情的看法和选择。说到天时，曹操可谓是其中最幸运的，虽然魄力十足，但生性多疑，想用人才却很难留住人才，最终因不得人心而难以成为别人仰视的圣人。而要说地利，孙权肯定是最有优势的，江南一带不论是从经济上还是从战略上都是一块风水宝地，然而他却并不是一个很有魄力的君主，只想做一个守业之人，最终迂回往复，没有看清大局形势，也没有盼来很好的结果。而刘备虽然从各个方面都不占优势，却可以很好地维系与周边人的关系，可谓得了人和的光，虽然占不到天时，也没有很好的地利，却可以留住很多人才，让他们全心全意地效忠自己，让诸葛亮心甘情愿地为他效忠一辈子。他身边的有识之士，到死都没有背叛他，也可谓是领导中的一个典范。

　　人们常说，世间万事，分久必合，合久必分，但凡是领导都知道天时地利人和对自己多么重要，他们都愿意成为招贤纳士的明君，都希望最终能在竞争中坐上无可替代的宝座。但让人匪夷所思的是，世界就是这么神奇，《三国演义》到了最后，甚至没有任何一个人是赢家，主要原因就在于他们不能百分之百地规避自己管理的弊端，最终在自己的领导逻辑上还是出现了问题。我们说有些事情做得好与不好只有百分之二十是天注定的，而之后的80%，还是由我们自己决定的。管理是一门学问，也是一门艺术，古人通过自己的经验智慧，为我们展现出了他们的明智，也用他们的教训教会了我们如何规避不必要的风险和误区。事实上，管理是一所大课堂，尽管古人的时代已经远去，但我们仍然可以从中不断学习，不断完善，最终成为一流的领导，新时代难以替代的英雄人物。

目 录
Contents

1 战略篇 乱世纵观控全局，击掌共赢立盟约

法则一：左右制衡，制定大局战略   002

    分分合合天下势：顺势而动寻规律，乱世英雄成霸业   002

    孔明祭出隆中对：总揽全局定战略，步步为营得天下   008

    诸葛亮智算华容：留曹抑孙是妙棋，制衡之术求平衡   012

    赤壁一战分天下：多算胜少算不胜，行动前先定策略   016

法则二：合作联盟，描绘统一战线   020

    曹推袁绍任盟主：盘龙卧虎退为进，引领战略主动权   021

    孙刘联盟共抗曹：不计间隙巧联盟，借人之势为己用   025

    鲁肃孔明策略同：排除纷扰看动向，联合力量同进退   028

    孔明借箭之根本：显才不为炫耀名，借箭船头创共赢   032

    刘孙联姻暗较劲：上下级沟通为本，避免想法各不同   035

2 谋定篇 深谋远虑争天下，众志同心大事成

法则三：深思熟虑，先谋定后行动   040

    孔明唁瑜化众怒：表露真情博同情，干戈方可化玉帛   040

    陆逊忍辱退蜀军：忍辱负重存后劲，沉住气者得战机   045

    刘备驻守白帝城：不急对外摇战旗，内部整顿最重要   048

    刘备东征元气伤：思路清晰不乱阵，挂帅切忌耍意气   052

    曹操中计杀错人：一棋行错败局定，主帅知错不认错   056

    连环计中信错人：锦囊妙计多陷阱，相信对手白吃亏   060

法则四：凝聚力量，号召群起而战   064

    孙权承父兄事业：保持谦卑王者心，敬老尊贤大业成   064

    孔明何欲杀魏延：明示不待奸臣客，誓把忠诚当信仰   068

    孔明博望坡显才：彰显自我震群臣，统领团队先服众   071

    周瑜杖打黄公覆：上下若是能一心，其利势必可断金   075

3 纳贤篇 知人善任炼慧眼，有奖有罚定人心

法则五：识才善用，包揽人才智慧   082

  孙策收降太史慈：理解人才得其心，赋予人才施展地   082

  曹操留书镇合肥：人才特点各不同，合理搭配巧运用   086

  三顾茅庐成美谈：求才诚心胜实力，领导谦卑是美谈   090

  文武高才助刘备：各个专业揽人才，营造交融大舞台   094

  水镜集团之浮现：智者谦卑对高人，有理就需有行动   098

  刘备宽容待法正：成大事不拘小节，其才之用胜其德   102

  诸葛计激老黄忠：树怕剥皮人怕气，与其请将不如激   107

法则六：奖惩分明，一身正气得人心   110

  曹操厚待关云长：行赏赐以利驭人，施厚恩以结其心   111

  铜雀台武将射袍：出手不必太阔绰，如何赏罚心有数   117

  孔明挥泪斩马谡：彰显领导公正心，惩罚严明无亲疏   124

  曹孟德封侯于禁：是非定要断清楚，赏罚不可有偏颇   131

  诸葛遗计斩魏延：对忤逆者莫手软，害群之马定除之   135

4 立威篇 仁义为先重威信，君有道天下归心

法则七：仁义当先，千金散尽还复来   142

    刘备三度让徐州：闯荡事业仁义先，誓将美名播天下   142

    不取荆州有盘算：英雄凭信闯四方，累积信用有人帮   147

    刘备不忍弃百姓：视士卒如同爱子，不将下属轻抛弃   153

    张松弃曹投刘备：能者甘为德者劳，领导贵在行德治   157

    孙仲谋授权吕蒙：若想用人就信人，丢掉无谓之猜忌   162

    张翼德义释严颜：巧令反对者臣服，让人才为我所用   165

法则八：树立威信，声名远扬震四海   170

    陆逊斩将立军威：新官上任三把火，抓住典型开杀戒   170

    三英结义成美谈：与下属成为朋友，左膀右臂连己心   176

    为救徐母放徐庶：济人于危难之际，仁德与实际并重   180

    割发代首立军威：营造军威扬士气，以身作则当表率   185

    诸葛亮七擒孟获：一文一武相结合，一威一恩收人心   191

    捉放曹另有玄机：使功不如使其过，让倨傲俯首听命   195

1 战略篇

乱世纵观控全局，击掌共赢立盟约

常言道，乱世出英雄，而英雄若想有用武之地就必须具备纵观天下的全局思想，伺机而动，以图自我强大。从古至今，得天下者必是战略为先的领导者，强大之时不忘警钟长鸣，势单力薄也可聚力燎原。正所谓互利之上存共赢，要想将事业做大做强，怎能独逞一人之勇？为图生存大计，就一定要找到志同道合的同路之人。尽管这种合作未必可以长相厮守，此时盟友也未必能够与你情义永驻，但从全局战略考虑，智者必然会选择团结所有可以团结的力量，同心协力地去解决摆在当下的主要矛盾，并在其中迂回谋利，靠着制衡之势谋求一条最佳的自我强盛之路。

法则一：左右制衡，制定大局战略

成大事者必要看清天下局势，只有按照天下大局制定自己的作战策略才能为自己的成功多加一成胜算。真正的英雄总是会伺机而动，抓住对方的弱点，找到可以借力的源头，最终达到相互制衡、以弱制强、扭转局面、自我强大的目的。

分分合合天下势：顺势而动寻规律，乱世英雄成霸业

《三国演义》开篇有云："天下大势，分久必合，合久必分。周末七国分争，并入于秦。及秦灭之后，楚、汉分争，又并入于汉。汉朝自高祖斩白蛇而起义，一统天下，后来光武中兴，传至献帝，遂分为三国。"三国，乱世也，而乱世又是培养英雄的土壤，那些胸怀大志之人倘若生逢乱世则必定不甘寂寞，多是呼啸而起、逐鹿中原，去争夺属于自己的那份霸业。汉末，诸侯并起，天下遍是"英雄"，但是时真正配得起这个称号的，恐怕只有孙权、刘备、曹操三人。

领导者对于时局的掌控，决定着企业的生死存亡。领导者拥有战略眼光，

能够统筹全局，制定合理的生存、发展策略，则企业兴；领导者鼠目寸光，缺乏机遇意识，或是对企业自身实力判断有误、妄自尊大，则企业必难长久。

所以说，作为企业领导者，一定要有足够准确的大局观，在"狼多肉少"、群雄逐鹿的时局下，必须懂得"持经达变"，要随势而动，顺势而变。三国诸雄的成败兴亡已然很好地说明了这一点，我们一起看一下。汉献帝时，皇室暗弱，政治腐败，民不聊生，百姓怨声载道。在这种大环境下，张角顺势而起，喊着"苍天已死，黄天当立，岁在甲子，天下大吉"的口号，将那些对朝廷不满的民众召集在一起，向当权者发动了猛烈的攻击。随后，张角的势力以星火燎原之势蔓延，使汉皇室寝食难安，遂令各路人马带兵勤王。然而，这正给了那些早已蠢蠢欲动的各路诸侯以可乘之机。一时间，天下大乱，各路诸侯"齐心协力"仅用10个月的时间便将张角的"黄巾起义"彻底镇压下去。但此时的局势已经失去了控制，各路诸侯都想拥兵自立，于是相互倾轧，汉皇室对此亦是束手无策，只能任其发展。在那个诸侯争斗、硝烟四起的年代，给人留下印象最为深刻的，莫过于以下四人。

一、河北袁绍

袁绍出身尊贵，袁氏一门"四世三公"。袁绍初为司隶校尉，董卓专政时，被各路诸侯推举为反董卓联合军的盟主，但由于其本身缺乏号令天下的才能，再加上诸侯各怀异心，联合军不久即瓦解。此后，在汉末群雄割据争夺战中，袁绍先是占据了冀州，而后又夺下青、并二州，并于建安四年消灭割据幽州的公孙瓒势力，这是他一生中最为辉煌的时刻。

这时的袁绍已有些志得意满、野心勃勃，攻伐各路诸侯，窥觎神器传国玉玺，在袁术势败之后几欲称帝。其野心天下尽知。这恰巧给了曹操口实，于是后者打着"匡扶汉室"的正义旗号，兴兵问罪。袁绍本身缺乏政治才能，有才而不能用，不得人心，且于理有失，又树敌太多，终究在官渡一战被曹操击得溃不成军，从此一蹶不振、郁郁而终。

二、山东曹操

曹操出身不好，其父曹嵩为宦官曹腾养子，其家族可以说是借宦官的势力在朝中谋得了一席之地。曹操20岁时、被举为孝廉，入洛阳任洛阳北部尉，因申明法纪得罪当朝权贵宦官蹇硕等人，被明升暗降，调任顿丘令，从此远离皇城，看上去似乎已难有作为。

黄巾之乱给了曹操崭露头角的机会，他被拜为骑都尉，与黄巾军交战于颍川，大捷，斩首数万级，因功迁为济南相。中平五年，汉灵帝为巩固统治，设置西园八校尉，曹操因其家世被任命为八校尉中的典军校尉。

董卓之乱时，曹操见董卓倒行逆施，知其必不久矣，于是自告奋勇刺杀董贼，虽未成事，但赚了个好名声。事后归陈留，"散家财，合义兵"，首倡义兵，号召天下英雄共讨董卓，于是天下诸侯纷纷应声而起。曹操虽有首倡之功，但却甘居人下，推袁绍为盟主，自任代理奋武将军。盟军解散后，曹操回归山东，组建青州兵，割据一方。

董卓为吕布诛杀以后，因司徒王允不赦李傕、郭汜等人，致其再次叛乱。曹操带兵勤王，挟天子以令诸侯，从此朝纲独断，以皇帝之名东征西讨，威震天下，各路诸侯，唯其势大。

三、江东孙权

孙权是将门之后，据传，其祖上便是春秋时期大军事家孙武。孙权的父亲孙坚、兄长孙策都是当世虎将。孙坚"勇挚刚毅，孤微发迹，导温戮卓，山陵杜塞，有忠壮之烈"。孙策人称小霸王，他"英气杰济，猛锐冠世，览奇取异，志陵中夏"，但太过急躁，有时也过于武断。这二人皆因性情太过刚烈、急躁，死于乱战之中，令人惋惜。

孙权的性情与其父兄大不相同，他能容忍，善谋断，接管江东以后，并不急于挥军为父兄报仇，而是首先安定自己的后方，以便对抗曹操，在稳固自己的领地以后，才等待有利时机，四处征讨。赤壁一战，孙刘两家大破曹操，孙权最终将长江两岸广阔的领地据为己有，成就了自己的霸业。

四、西蜀刘备

刘备有皇叔之名，但亦有人认为他是以此为噱头，抬高自己的身价，令自己师出有名。而当时的皇帝急于用人，自然也便认可了这一点。

三国中，刘备出场时只是个卖草鞋的小贩，一番慷慨陈词感动了关羽、张飞，三人歃血为盟，结义桃园。张飞变卖家产，组建了一支小小的义军，打着"匡扶汉室"的名号，加入了讨伐张角的行列。是时，刘备的势力几乎可以忽略不计，各路诸侯若有心踩死他，简直不费吹灰之力。

所以，刘备的前半生是颠沛流离的，他先后归附过公孙瓒、陶谦、袁绍、刘表，甚至亦曾屈居吕布之下。但正是这种不与人争的做派，使他的势力在乱战中得以保全，并逐步发展壮大，后联吴抗曹，占据荆州为根据地，徐图两川，终可睥睨天下。企业领导者对于时势的把握以及策略的制定，绝对会影响到企业的兴衰成败，这一点上述四人已经为我们做出了很好的诠释。譬如袁绍，他其实是有一些聪明的，在混乱时期，能够乘势而起，并成为威震一方的霸主，这确实非常人所能及。但他在后期的策略制定上，则出现了明显的失误。他太骄横跋扈，急功近利，在自身实力尚不完备，各路诸侯实力尚存的情况下便急于称帝，这招臭棋使他成了众矢之的。曹操以"仁义之师"兴兵讨伐，占尽人和之势，袁绍内部失和，外敌又多，焉有不败之理？可怜一代枭雄就这样成了"出头鸟"，反给曹操作了嫁衣裳。

袁绍的教训是很值得领导者深思的，企业的发展是一个循序渐进的过程，尤其是那些处于兴建之初、根基未稳的企业，最好不要过于张扬、过于激进，以免自吞苦果。其实魏蜀吴三国的发展壮大之路，对于领导者而言就是一个很好的模板，我们一起学习一下。

1. 韬光养晦，发展实力

有道是"万事开头难"，企业创立之初无论财力、人力、物力，还是所掌握的客户群，与同行业的成熟企业都不可同日而语。这时的企业仍处于襁褓之中，可以说是弱不禁风的，很难抗拒外力打击。领导者在这时应施用"韬晦策略"，低调行事，巩固自己的后方实力，一点点地积累经验与财富，在自己尚未足够强大之前，切不可表现得过度高调，以免招致同行业竞争对手的打压，更不可向那些成熟企业发起挑战，以免伤敌一百、自损八千。这亦是孙权的发展策略。孙权接手东吴之初，境外诸侯乱战，曹操已日渐成势，境内孙策新丧，百废待兴。可以说，这时的孙权正处于内忧外患的困难境地，倘若穷兵黩武、加入混战，那么其势必不久矣。于是，他索性坐山观虎斗，趁别人打得难解难分、无暇窥觑江南之时，休养生息，养精蓄锐，时至曹操平定中原，他已然无声无息地在江东培养起一股难以撼动的势力。

2. 甘居人后，追随竞争者

在企业实力尚不够雄厚之时，"追随竞争者"对于领导者而言，是一项不错的选择。这要求领导者具有一定的隐忍性格，能够安心居于次要地位，在战略上追随那些成熟企业。如此一来，他们有了新的技术和经验，我们拿来学习和改进；他们开拓出新市场，我们来搭便车；倘若是市场上出现了风险，那自然是先由他们这些"个大"地顶着。在追随的过程中，企业领导者通过观察、学习、借鉴和模仿，不断强化企业硬件，便可达到发展壮大的目的。这一招刘备用得很妙。天下大乱之时，刘备空有皇叔之名，实无势力可言，倘若他自扯大旗，明晃晃地与天下诸侯争锋，恐怕第一个被灭掉的就是他。于是，他索性当起了追随者，寄身各路诸侯阵营之中，先求一个自保。而那些不可一世的诸侯俨然成了他的挡箭牌。公孙瓒与袁绍交恶，兵败如山倒，困于危楼，引火自焚，刘备后投陶谦。陶谦病死，托徐州于刘备。诸侯眼红，袁术发兵攻刘备。吕布逆袭徐州，刘备甘愿让出徐州，居吕布之下。于是吕布为曹操所破，刘备又躲过一劫。随后，刘备逃出许昌，转投袁绍。袁绍遭曹操讨伐，官渡一战势力尽失，郁郁而终。刘备漂泊一阵又归附刘表。

刘表病死，曹操挥兵而来，刘备深知自己的实力不足以与曹操抗衡，弃荆州而走。刘表次子刘琮率部降曹。刘表长子刘琦，迎刘备于江夏，同归夏口。曹操大军压境，生死关头，刘备又与东吴联姻，两家合力抗曹。至此，刘备才结束寄人篱下的生活，事业也逐步步入正轨，并发展壮大起来。细看之下，我们不难发现，刘备所归附的每一方诸侯其下场都不怎么样，唯独他虽然四处飘零，但保存了实力，赚足了名声，为日后的发展已然打下了一定的基础。我们甚至可以这样说，刘备是让他人出头挡灾，而自己躲在后面，做大自己。要不然，曹操待他也不薄，他为何费尽心思逃出许昌？因为曹操是枭雄，是不会给他做大的机会的。

3. 因势制宜，顺势而行

企业的命运与时势紧密相连，领导者唯有胸怀大局观念、善于审时度势，才能挖掘出自己的全部潜力，推动企业的发展。一份事业最终能否做强做大，很大程度上取决于企业领导者能否准确判断时势，在整个局势的盘算中看出必不可易的大方向，并知道如何"照这个方向去做"，这样的领导者才能使自己立于不败之地，这才叫看得准。孙权与刘备在这方面都有其独到之处，但相较之下，曹操的策略则更像是一个大手笔。曹操平定李、郭汜之乱以后，实际上已经掌握了中央大权，下属中亦有人劝他取而代之。但曹操深思熟虑，他深知，天下诸侯实力尚存，名义上又都尊崇汉朝皇室，自己倘若贸然称帝，无异于与天下为敌，势必招致诸侯的合力讨伐，打起来，自己绝讨不到什么便宜。于是，他退而求其次，表面上仍以汉皇室为尊，但实际上朝纲独断，"挟天子以令诸侯"，借用皇帝之名颁发诏书，调动各方诸侯，配合自己东征西讨。在这种有利条件的支持下，天下诸侯不能触其锋，曹操的势力就这样理所当然地壮大了起来。

经过以上分析我们可以看出，曹操、刘备、孙权三人之所以能够翦除其他诸侯势力，三分天下，其根本就在于对于"势"的把握。势就是时局，能够看清时局的人"胸有百万兵"，可运筹帷幄，决胜于千里之外；看不清时局的人不识时务，逆势而行，其结果可想而知。

也就是说，企业要生存、要发展，领导者必须练就从宏观上把握形势的能力，能够从整体上对客观世界进行分析，能够从不同角度、借助不同思维方式去阅读问题，从而找出办事的最有效方法。倘若时机尚不成熟，就积极准备、积蓄力量，形势不明时不妄动，时机成熟时便动若狡兔。显然，这一切都需要对内部条件及外部环境有一个准确的把握，如果不能做到心中有数，那么这个领导者就不能称之为"合格"。

曹操、刘备、孙权都是很善于把握时势的，他们一边想着自己如何做成事，一边想着自己如何做大事，将整个局势全部藏在心中，稳步前行，终于霸业有成。

领导者若能统筹全局、审时度势，则必能抓住机遇，带领企业突破逆境，驶到成功的彼岸；相反，若是木讷死板、不知变通，又如何在风云变幻的世界上昂首挺立、力主沉浮呢？所谓"天有不测风云"，时势多变，吉凶莫测，领导者倘若不懂得把握，又怎能保证自己不遭遇"滑铁卢"？作为现代管理者，我们一定要对时势有个透彻的看法，做好准备，以应对政策的变化、市场的变化、人心的变化，这才称得上是当之无愧的中流砥柱。

孔明祭出隆中对：总揽全局定战略，步步为营得天下

"我们也许看不到地平线以外的世界，但是要保持着探求的精神"。在自然界，狼的生存方式就是将目光放得很远，它们很清楚，鼠目寸光保证不

了种族的繁衍与生存。狼的这种思维是很值得人类学习的。做人不能受环境影响而使眼界促狭起来，而应站得更高一些，将目光放得更长远一些。诸葛亮躬耕于南阳之时，已然对天下大事了然于心，这种有领导才能的人才也不枉刘皇叔三顾茅庐的一番诚意。

有智慧的人目标远大，所要谋求的事务高深。远见就是指具有思考未来的能力，一个企业若想得到良好的发展更离不开管理者的远见。只有具备远见的人才能看清方向，把握商机。相反，如果一个企业管理者目光短浅，急功近利，那么，企业也就不可能获得长远发展。

作为一名领导者，倘若希望自己的管理工作井井有条，就要对所辖区域有一个全盘的掌控，甚至对手下的一兵一卒都要有一定的了解。并依此制定统筹全局的工作方针。只有做到心中有数，才能行之有度。

在这方面，诸葛亮给我们上了很好的一课。诸葛亮在未出隆中之时，便已制定了三分天下的策略，他是这样对刘备说的："自董卓以来，豪杰并起，跨州连郡者不可胜数。曹操比于袁绍，则名微而众寡，然操遂能克绍，以弱为强者，非惟天时，抑亦人谋也。今操已拥百万之众，挟天子而令诸侯，此诚不可与争锋。孙权据有江东，已历三世，国险而民附，贤能为之用，此可以为援而不可图也。荆州北据汉、沔，利尽南海，东连吴会，西通巴、蜀，此用武之国，而其主不能守，此殆天所以资将军，将军岂有意乎？益州险塞，沃野千里，天府之土，高祖因之以成帝业。刘璋暗弱，张鲁在北，民殷国富而不知存恤，智能之士思得明君。将军既帝室之胄，信义著于四海，总揽英雄，思贤如渴，若跨有荆、益，保其岩阻，西和诸戎，南抚夷越，外结好孙权，内修政理；天下有变，则命一上将将荆州之军以向宛、洛，将军身率益州之众出于秦川，百姓孰敢不箪食壶浆以迎将军者乎？诚如是，则霸业可成，汉室可兴矣。"这便是著名的"隆中对"，刘备听后深以为然，认定欲成大事非依托诸葛亮不可，于是与诸葛亮的情谊越发深厚起来。关羽、张飞大感不悦，刘备笑着说："我得孔明，如鱼得水。你们是我的兄弟，应该为我感到高兴才对。"关羽、张飞遂释然。

孔明刚刚出山，尚未建功，为何就能得到刘备如此器重？因为他寥寥数语便已将天下之势剖析得清清楚楚，将刘备日后的发展方向解析得明明白白，这种人胸怀大局，耳听六路、眼观八方，能够未雨绸缪，运筹帷幄。有他来帮助自己领导、发展"家族企业"，刘备又怎能不安心呢？

大千世界，风起云涌，每一位领导者都像船长一样，带领着自己的团队在风雨中颠簸。不同的是，有的领导者能够带领团队扬帆远航、走得很远；有的领导者却触礁搁浅、驻足不前。究其根由，是因为前者看得更远、老早便规划好了航向；而后者鼠目寸光，走一步算一步，所以便为自己的航程增添了很多麻烦。

目光短浅的人往往只能看到眼前利益或是表面现象，这种领导者太过短视或者狭隘，是很难把团队做强做大的。领导者要想做成一番事业，就要有放眼千里的心胸与气魄，否则故步自封、盯视眼前三寸之处，自己立世恐怕尚且勉强，就更别提"率兵征战"了。

但凡胸怀天下、目光深远的管理者，常会做出不能为凡人所理解的超前决策。几乎无一例外地，这样的决策会遇到各种形势的抵制，需要决策者付出巨大的努力来应对。

要站得高就要看得远，也就是高瞻远瞩。若从远程目标高瞻远瞩地往下看，眼前的困难就变得微不足道；以同样的观点，你会发现很容易定下更高的目标，也能对自己提高要求，更经得起挫败。当你了解到今天的锻炼对你的成功是多么必要，你就会泰然处之，它们是你来日成大器的基石。

面对优胜劣汰的市场经济，很多企业都被无情地淘汰了，一个很重要的原因就是企业经营者缺少思考未来的长远意识，只看到眼前的局限发展，没有考虑到企业的长远发展，没有用进步的眼光、全球的眼光和时代的眼光来分析和思考问题，从而错失了一个又一个良机。远见是一个优秀的管理者必备的素质，只有具有远见卓识的创业者，才能够把握时机，才有望成为市场竞争的胜利者。

卡耐基就曾经深有体会地说："做生意要有远大的眼光，要配合时代的需要。只有这样，你才能成为一名称职的和优秀的商人。"由此可见，远见就是机遇，远见就是企业利益。

经营者能否引领企业走向更好的道路，关键在于是否能够把握市场发展趋势，看清前进方向，对市场变化的走势、进程和结果做出正确的超前判断，从而趋利避害，抢抓商机，掌握竞争的主动权。要做到这一点，创业者就要经常思考未来，练就独特的战略眼光，善于高瞻远瞩，审时度势，从而运筹帷幄，在激烈的市场竞争中取得胜利。

此外，团队的发展还必须依据总揽全局的战略方针，管理者带领团队每走一步，都稳扎稳打、步步为营。这就要求管理者必须对内外部环境做出一个准确的认知与判断，并依据当下形式、自身条件勾画相应的发展蓝图以及政策制度，如此，团队才有发展壮大的可能。

也就是说，成功的管理者需要有远大的目光与弘毅的气魄。即，若想成为翱翔天际的苍鹰，就要将目光投向深邃的天空；若想成为普照天下的太阳，就要将目光投向世间万物。这是一种大胸怀与大视野，唯有如此，才能认清大格局、大趋势，并把握形势乘风而上。

能够影响团队成败的因素有很多，而领导者长远的视野、宽阔的格局绝对是其中不可或缺的中坚分子。很多领导者之所以能够带领团队开创出辉煌的业绩，就在于他们在团队仍处于襁褓期之时，便已开始构筑宏伟的大格局。这样的团队，理想是远大的，精神是刚毅的。他们能够以统筹的、发展的目光去纵观全局，于是，他们看得越来越远，同时也就走得越来越远。

诸葛亮智算华容：留曹抑孙是妙棋，制衡之术求平衡

当一个团队内出现权高震主或对立势力之时，作为管理者倘若真的无法尽快消除这些势力或其对立状态，那么，就需要凭借自己的权力和手腕控制对立势力，使其相互制衡，形成共存之势。

一个团体内出现权力纷争，这是很正常的事情，合格的管理者应善于利用这种矛盾，借"以下治下"之手腕，使团体中的各方势力达到平衡，这就是管理上的平衡和防止大权旁落的秘诀。

赤壁一战，曹操损兵折将，大败而归。诸葛亮本能将曹操置之于死地，但他精心导演了一场"捉放曹"，给了曹操东山再起的机会，其实就是对"平衡权术"的一种运用。

赤壁东风一起，诸葛亮为防周瑜加害，急急乘舟与赵云归夏口。一入军营，孔明便开始调兵遣将：命赵云带三千兵马，渡江径取乌林小路，拣树木芦苇埋伏于密处，等曹操军马过，就半中放火，纵不杀绝，也杀一半；又令张飞引兵渡江，去葫芦口埋伏，就山边放火，杀不得曹操，也是大功一件；又命糜竺、糜芳、刘封绕江擒敌军、夺军械……最后，在关羽主动请战、立下军令状的情形下，才勉强让他去守华容道。

华容道上，曹操领着残兵败将不足五百人狼狈奔逃，忽被一红脸长髯将军拦住。这伙人被赵云、张飞已经杀得心惊胆战，此时一见关羽更是亡魂丧胆。于是曹操纵马上前，以昔日恩惠求情于关羽。关羽犹豫，又见张辽策马

而来，旧情萌沙，便让出道来……

这边，刘备不无担心："二弟情意深重，若曹操果然投华容道而出，怕是真的放了……"孔明曰："亮夜观乾象，曹操未合身亡，留这人情，叫云长做了，亦是美事。"刘备赞叹道："先生妙算，世所罕及！"

的确，诸葛亮的神机妙算堪称世所罕及。他引关羽放曹操，难道就是因为"未合身亡"？当然不！

大体上说，诸葛亮借关羽之手放走曹操，对刘备集团有如下好处。

1. 彰显仁义道德

刘备一向以仁义之名行走天下，关羽乃是刘备义弟，他仁义，自然也是刘备仁义，他放走曹操，岂不等于刘备放走曹操？如此一来，刘备便能得到对死敌网开一面的仁义之名，天下之士对刘备也会更加敬慕、向往。曹操命不该绝，刘备又能借此大揽民心，这显然是大利一件。

2. 制衡孙权

曹操一死，孙权便会一跃成为天下最大的军阀势力，肯定会乘此机会，再扬军威，取合肥、下荆州。荆州对于刘备而言是战略要地，拿下荆州便等于有了根据地，可在此休养生息，发展实力。然而，刘备当时粮少兵寡，若是杀了曹操，纵然自己先行拿下荆州，孙权也断然不会罢休。在周瑜大兵的猛烈攻击下，荆州必然得而复失。但若曹操不死，孙权还要借助刘备共同抗衡曹操，是故不好撕破脸、兵戎相见，大起干戈。

另一方面，孙权也不是泛泛之辈，志在逐鹿天下。曹操死，则北方乱，这就给孙权创造了北伐的大好时机，而刘备集团必然会首当其冲，成为孙权势力扩展的第一个牺牲品。而关羽不杀曹操，北方势力仍在其统辖之下，纵然新败，也不可小觑。孙权非但不敢挥军北上，且还要与刘备继续结盟，防止曹操挥兵复仇。而曹操亦忌惮孙刘两家结盟之势，不敢轻举妄动，这便给了刘备建立基业，做大自己的时间和机会。

所以说，诸葛亮在借华容道施用的制衡之术，实在是高！

作为一名管理者，如果你的下属有一方独大、功高盖主之势，那么你也可以采用这种方法，为势力小的一方创造成长的机会，让他们相互竞争、相互监督，让整个团队形成平衡之势。

其实在我国古代，是非常重视官吏选拔任用和监督管理制度建设的。一些明智的帝王深知，建立一支好的官吏队伍，仅靠明君贤相的个人作用是不够的，明君贤相是靠不住的，靠得住的还是监督管理的制度。因此，历史上一些有作为的帝王非常注重官吏监督管理的制度建设。汉武帝称帝以后，深感旧的选官制度弊病之大，大胆对旧的选官制度进行了改革。从选拔、考察、奖惩等方面入手，建立一套全新的官吏监督管理制度，对推进汉朝的经济发展和社会稳定起到了积极作用。

权力如果缺乏监督和制衡就会泛滥，所以不同部门、不同位置之间的监督和制衡可以让下属有所约束。毕竟，以管人者的一双眼睛、一个人的精力不可能包办一切。而且监督、制衡机制的完善，也是人类自我管理制度的一大进步。

在中国古代，帝王对于权臣，除用分、隔手段削弱其权势外，还扶植新的权力中心，以削减、抵消原有权力的中心。这就是"以臣驭臣"的管理办法。

封建时代，宰相是帝王的副手，"相"字本身含义即有帮助、辅佐之意。君相合力，共治天下，宰相处于"一人之下，万人之上"的高位，为帝王处理大量政务，君、相之间难免龃龉。善相处者，从大局出发，相互让步；不善处者，君、相驭事，不免酿成冲突。贤明宰相要约制残暴、昏庸之君；英武君主，容不得能力太强的相臣，加之历代相臣篡位者时有发生，帝王总是设法削弱宰相权力，王权与相权之间的斗争几乎贯穿全部封建政治史。用牵制手段，以抑损相权，是帝王与宰相斗争的主要武器。

秦汉时期，丞相权力很大，用一语概括：丞相辅佐天子，助理万机，上至天时，下至人事，几乎无所不包，无所不管；丞相不但为国家最高官吏，还是辅佐皇帝补其缺失的唯一人臣。秦汉时期，君主高高在上。君主若有差失，只有丞相能够谏阻，良相应当以此为己任。丞相对皇帝诏令如有不同意见，可以面斥廷争，甚至拒绝执行。对此，皇帝很不放心。因此，自汉武帝以后，首先用尚书一职以分丞相拆读奏章的权力，继而提高太尉、御史大夫的地位，使之与丞相平级，并将此三职先后更名为大司徒（丞相）、大司马（太尉）与大司空，号称"三公"，从而改变丞相无所不统的局面，将一相变成三相。至东汉，原先由丞相执掌的政务，全归属尚书台，三公徒拥虚名。

唐代承上启下，在前朝官制基础上，正式设立"三省制"。即由中书省掌制令决策，起草诏令；门下省掌封驳审议，对中书省所制定诏令如有不同意见，有权批改复奏，然后下达尚书省；尚书省负责执行，其下分设六部（吏、礼、户、兵、刑、工）分管各部政务。这样，秦汉时一个丞相所承担的政务，已由三个机关与十数名官员分别担任，以期达到相互监督制约的目的。

有效的监督会在两个层面上进行：

1. 对组织的监督。高明的管理者常常采用纵向画线、横向画格的管理模式来实现组织监督。纵向画线即界定各部门对上、下的权限；横向画格即界定下级各部门之间的权限。这种界定的结果是：各部门在宏观上纳入自己的控制轨道，在整体规定的线路上按部运行；在微观上使他们在画出的方格内充分享受自己的权力，灵活有效地运转。使各部门处于自己指挥之中，不能成为指挥不动的独立王国。

2. 对工作的监督。管理者对工作的控制表现为静态和动态监督。静态监督是对工作目标、工作计划、规章制度的制定做到心中有数；动态监督是在工作过程中，为预防和纠正失误、偏差而采取的指挥、调整和协调手段。

现代的管理者在企业处于内忧外患时，如何保证企业的稳定并求得发展，诸葛亮平衡各方势力的做法就很值得我们学习借鉴。

平衡术虽有效，但并不是谁都能用得好的，也不是对什么下属都能用的。管理中需要平衡术，但也讲究放手用人，如果将可靠的部下定为平衡的对象，用不可靠的人来"平衡"他，只会搬起石头砸自己的脚。诸如后主刘禅以陈祗、黄皓等奸佞之流制衡姜维，直接导致西蜀亡国，就是一个很大的教训。

赤壁一战分天下：多算胜少算不胜，行动前先定策略

倘若说官渡一战，曹操得以威名远播，气势大增，那么，赤壁一战，刘备则声威大振，由此走上强盛的道路。从此以后，天下三分。这一胜，首功当推孔明，不因草船借箭，不因巧借东风，而是因为他为刘备制定了"联吴抗曹"的正确战略。俗话说，多算胜少算不胜，管理者胸中应有韬略，行动之前定下准确、实际统筹方针，边做边加以调整，便可如孔明、周郎一样，"谈笑间，樯橹灰飞烟灭"。

决策在管理者的工作中处于核心的地位。现代决策必须讲究科学，即进行科学决策。但在运用现代科学技术和方法进行科学决策的同时，决策的艺术则是不可或缺的。这要依靠在科学素养的基础上灵活运用个人经验和综合能力，特别是创造力来进行决策活动。所谓决策艺术，就是指决策者个人在决策过程中所运用的高超的工作技巧，即科学地、高度灵活地、创造性地做出最优决策的能力。

诸葛亮在《便宜十六策·治军第九》中早就指出："智者先胜而后求战，暗者先战而后求胜。"意思是，有智慧的管理者总是先达成胜利的目标，而后按照这一方向努力行动；反之，则是不明智的决策行为。

这里，诸葛亮为我们提出了一条重要的管理决策原则，即"先谋后动"。历史的发展充满了不确定性，后世的社会走向往往取决于当事者的一念之差。因此，为了实现预期目标，必须首先进行周密的谋划，然后再采取有针对性的行动。

古之成大事者，莫不是先谋而后动。谋，即可称之为谋略，亦可称其为想法。若无谋略，即使是力拔山兮，抑或是豪气干云，都只被后人称为勇夫，不可谓之大丈夫。距离英雄之美名更是遥遥无期，或许会留下世人称赞的口碑，但始终不能称之完美。先谋而后动，即使失败了，历史也会记录下你的名字，一旦成功，便可千古传颂。

赤壁之战，流传千古，其胜就胜在孔明对于时局的把握和策略的制定之上。关羽斩杀颜良文丑以后，刘备离开袁绍，转投荆州刘表处。当时，刘表之妻蔡氏屡进谗言，刘表对长子刘琦渐生不悦。刘琦屡屡向诸葛亮请教自安之术，均被婉言推脱。刘琦便在一次饮宴时用"上屋抽梯之计"令诸葛亮就范，诸葛亮反问："君不见申生在内而危，重耳在外而安乎？"恰好黄祖被东吴所杀，刘琦便上荐为江夏太守，以求自保。

建安十三年，刘表亡，次子刘琮即位，闻曹操南下，不战而降。刘备闻听消息，率军队和百姓南逃，刘琦接刘备于夏口。

刘备到达夏口以后，曹操乘势追击，境况危急。这时孔明献策："曹操势大，急难抵御，不如往投东吴结交孙权，以为应援，使南北相持，吾等于中取利。"

却说孙权方面亦有此意，只是尚有些犹豫，于是派鲁肃前来摸底。于是孔明亲自前往东吴做说客，舌战群儒，说动孙权，智激周瑜，两家最终结盟，并在赤壁大破曹操。借此一战，刘家军立住根基，逐渐与魏、吴展开争雄之势。诸葛亮之所以能够成功，首先得益于战略的得当。他深知，以一己之力对抗曹操，无异于螳臂当车，所以与有势力的"军阀"结盟才是上策。而江东孙权根基稳固，且无臣服曹操之心，这是拉拢的最佳对象。再者，曹操若破刘备，则必趁势渡江击孙权，两家唇亡齿寒，只要对孙权晓以利害，相信结盟不是什么难事。事实证明，他这一招棋走得实在是高。赤壁一战之后，刘备论实力虽仍在曹操、孙权之下，但起码有生以来第一次站稳了脚跟，这便有了成大业的基础。

《孙子兵法》上说，未曾打仗之前首先要广泛搜集信息，周密地思考和安排，谋定而后动。《孙子兵法》指出："先为不可胜，以待敌人可胜，不可胜在己，可胜在敌。"在博弈中要想战胜敌人，先要把自己置于不败之地，即"先胜"，然后再采取行动。在企业管理工作中，作为管理者也要"先谋后动"，从而做到先发制人。

企业管理是针对整个组织事务进行的，无论是市场营销计划的制订，还是人力资源的管理，都不可能在实践中决策，必须在总结经验和教训的基础上、针对新问题进行科学的预测，做出有价值的决策。

在商业竞争中，市场预测与决策是战略的核心，决定着企业发展的大方向和最后的成败。优秀的企业无不是决策制胜的代表，而为了实现这一目标，企业管理者必须掌握"先谋后动"的决策艺术。

坚持先谋后动、动则必成。先谋的过程实际上就是调查研究、分析比较、科学决策的过程。因此，管理者凡事必须首先在"谋"字上下功夫，谋深、谋细、谋远。坚持先谋后动，紧密联系企业客观实际，充分发挥主观能动性，自觉用发展变化的观点和开拓创新的方法谋划工作，既要及时了解纷繁复杂不断变化的形势，又要牢牢把握工作重点和工作节奏。

也就是说，要进行正确的决策，管理者必须善于审时度势，随机而动。

"时"者，是指各种时机；"势"者，指事物发展变化的趋势。审和度就是要分析研究。古人说"识时务者为俊杰"，就是强调要认清形势，把握事物发展变化的趋势，不做违背实际情况、逆历史发展方向的事。

那么，怎样才能掌握审时度势的决策艺术呢？

1. 要认清形势，把握趋势。形势和趋势是管理者审时度势、进行正确指挥的出发点。在每一项决策之前，都要对当前形势进行认真的分析，对事态的发展趋向作出准确的判断，搞清哪些是有利条件，哪些又是不利条件；现在诸因素中哪些是必然因素，哪些是偶然因素；这些因素哪些来自内部，哪些来自外部，它们将向何种状态发展，等等。只有把这些因素分析透彻，才能制定切实可行的战略和策略。

2. 立足现实，量力而行。在作决策时，要实事求是，一切从实际出发，根据本地区、本部门、本单位的人力、物力、财力量力而行，不制定过高的决策目标，不作不切实际的决策方案。这一决策艺术，无论对政府部门还是对企业都是适用的，政府部门的决策使用这一决策艺术尤为重要。因为政府部门的决策都是对某一地区、某一特大工程的重大决策，它需要耗用的人、财、物的数额惊人，作用和影响都十分大，一旦决策失败，就损失惨重。因此，这样的决策必须面对现实，立足于实际，不能好大喜功，不能以理想代替现实。

3. 要善于抓住时机，当机立断。要想及时抓住有利时机，首先必须目光敏锐，思想活跃，有丰富的想象力和敏锐的洞察力。这样，才能善于由此及彼，见人所未见，及时发现"苗头"，从而捷足先登，掌握主动权。其次，在大好时机面前，管理者要当机立断。凡是有成就的人都善于利用历史性的机会，做出有利的果断抉择。俗话说："机不可失，时不再来。"机遇是非常难得的。所谓"时势造英雄"，是说时势给英雄提供了叱咤风云的机会，但能不能抓住机会，取得成功，还要看他是否能当机立断。当稍纵即逝的时机到来的时候，并不是每个人都能果断地抓住它的。犹豫迟疑，当断不断，成功就会属于别人。

4. 要机动灵活，善于随机应变。管理者要学会随机应变，也就是要善于根据客观条件的变化而迅速地改变策略。如果原先的道路在当时不妥善或行不通时，就选择另一条道路来达到目的。而且，管理工作中的各种因素总是在变化着的，所以管理者决定问题就要因情况之变而变。企业产品也只有随市场需求的变化而变化，才能在激烈复杂的竞争中立于不败之地。总之，企业的战术决策要随时根据市场的变化做出调整和制定新的决策。不仅如此，还要考虑国家的产业政策的变化，不断地根据这些变化，快速做出反应。机动灵活、随机决断，这样就能够在不断变化的环境中，立于不败之地。机动灵活、随机决断的决策艺术的核心就在于一个"变"字。

策略的制定及实施，仅仅停留在以变应变还是不够的。以变应变是被动的变，要主动应变，才能在竞争中立于不败之地。主动应变就是善于改革创新。许多事实证明，把应变创新运用自如、高度升华，就能做到善发奇兵、出奇制胜。《孙子兵法》指出："故善出奇者，无穷如天地，不绝如江河。"意思是善于出奇制胜的将帅，其战法像天地那样变化无穷，如江河那样奔流不息。管理者应当学习这套本领。

法则二：合作联盟，描绘统一战线

天下英雄众多，有能力者不少，但一人势单力薄，怎可担当整个事业的重担？尤其是面对强大阵容的时候，就更是要在最快的时间里找到自己志同道合的联盟军。共同的利益、共同的理想、共同期待解决的问题，都会成为大家团结起来的有利条件。尽管这样的志同道合者未必能跟你走到永久，但至少能够与你齐心协力解决现在最当务之急的事情。

曹推袁绍任盟主：盘龙卧虎退为进，引领战略主动权

三国的曹操一直以枭雄著称于史。当年少游侠、仗义江湖的少年阿瞒走进东汉官场，就已经蜕变为一位真正的枭雄，野心勃勃，开始有心、有计划、有步骤地向鼎权力最高位。显然，作为草根一族成长的官吏，曹操的前途还是很艰辛的。现在，我们来看看这位未来的魏国首席领导者是如何在弱势下完成霸业积累的。

领导者的眼界决定了他的出路。作为一个野心勃勃的领导者，曹操的一举一动都有深切的用意。面对危机，他能很快找到哪里才是对自己最有利的位置，进而做出最有利的行动。不要以为只有有权、有势的领导才有战略主动权。恰恰相反，只要有心问鼎，就有引领战略主动权的先机，只要这个机会你能把握住。

如果你是一位处于战略劣势的领导者，不妨学学曹操是如何把握战略主动权的。其中的一步就是推举袁绍做盟主，讨伐董卓。曹操刺杀董卓成了全国缉拿的逃犯。曹操最后逃到老家，告诉父亲自己刺杀董卓的事情，希望父亲散尽家财，招募士兵。曹父很是支持。很快，曹操还得到了当地富豪卫弘的资金资助。有钱好办事，曹操不久就招纳了一支几千人的队伍，还招纳了

两员大将——夏侯惇和典韦。

当袁绍听说曹操拉了一支队伍，很是心动，后来者居上，凭借自己家族的实力，很快拉了一支三万人的队伍，并且引兵与曹操会盟。

曹操一看好友袁绍也揭竿而起，二人合计了一下，就写出了一封檄文，令士兵送往各个郡县。此时，曹操的檄文是以"忠义"的名义发出的。当时董卓祸乱朝纲，忠义才能师出有名。

曹操以国家大义之名，布告天下：奸臣董卓祸乱朝纲，灭国弑君，残害生灵，罪大恶极。现在，奉天子密诏，聚集各路义兵，讨伐董卓，扶植王室，拯救黎民百姓。接到檄文，尽快奉命而行！

很快，各地义军纷纷而起，与曹操袁绍在洛阳会盟。袁术、韩馥、刘岱等，一共17路人马纷纷到了洛阳。此外，刘关张三兄弟也跟着公孙瓒一起参加了会盟。紧接着各路诸侯都相继而来，各自安营。曹操作为发起人，很快就主持起了会盟大会。当然，各路诸侯总要有个领导者。

曹操很快就提出了意见："袁绍袁本初，家族为四世三公，为汉朝名相后裔，我推荐他为盟主。"袁绍听后，推脱了一番，不过，还是在众人的推举之下答应了。很快，洛阳会盟，袁绍手执兵符，准备一举会盟大军讨伐董卓。这时候也许很多人会问，为什么曹操作为起义的发起者，推举自己的好友袁绍做盟主呢？表面上看，曹操推举了袁绍，为袁绍好，但事实上，曹操在为自己铺路。因为即使自己是起义军的发起者，也没有做盟主的本钱——根据地、金钱、兵将。而在各路诸侯中，将袁绍推举上位，那么作为袁绍的好友，自然好处很多。

现在我们来思考一下，作为一个领导者这样拱手将好处让给他人，会得到什么吧。在阅读历史的同时，我们也可以试想一下，如果我们自己身为一名领导者，将自己的利益让给强于自己的人，究竟会得到怎样战略性的胜利？

1. 领导的品牌影响力

虽然是发起者，但是没有成为会盟盟主。其他路诸侯看到这里，就会这样想：檄文虽为曹操所写，但是却将权力让位袁绍，可见曹操的"为天下为王室"的忠心。自然也就为他留下了好名声。曹操的这次让贤，在让各路诸侯刮目相看的同时，诸侯的下属，不管是将士还是谋臣都会思量一二，记住这样一个人。在以后的三国拼杀中，曹操虽然作为"奸臣"，貌似被刘备比较得不得民心，但是，他的谋臣、武将却仍是三国中最多的。这是为什么呢？答案很简单，他在最初争霸天下之前，早已经将自己的好名声传播出去了。

好名声是领导者的凝聚吸引力的标杆型广告。曹操如此，刘备如此，在今天奋战职场的领导者同样如此。一个臭名昭著的人，即使才华满腹，也很难走向成功，因为他早就已经将人心散尽了。不管是历史还是今天，没有什么人愿意跟着名声不好的领导一起混，即便被迫跟随左右，也未必能心甘情愿地为其做事。

所以，作为一个精明的领导者，主动让出一些利益和权力，看似是自己吃了亏，可换来的是难得的好名声，和下属死心塌地地跟从。有了下属的忠心，又有了很高的威望，那么，自身的领导力自然会大大增强。

2. 积累个人实力

曹操没钱没兵没有根据地，面对他人的优势，想要问鼎，谈何容易。曹操是个聪明人，他显然明白，先打根基后称王是最为稳妥的。而曹操引领着的人马则隶属于陈留太守张邈，而张邈此时恰恰是袁绍的间接部下。然而，鉴于袁绍和曹操幼年的交情，曹操的人马又是独立的。上面有人罩着，下面的队伍又都是自己的兵，曹操在这场讨伐董卓的战役中也就有了发展自我扩张内力的主动权。更令他兴奋的是袁绍还给了他壮大发展的革命根据地兖州。这真是地利人和都占上了。

作为一个领导者，在自己处于弱势的时候，还是要适当采取迂回的战术。

"大树底下好乘凉"说的就是这个道理。如果身为领导者，头顶还有一位上级给予你大力的支持，自己进行工作必然会畅快不少。当自己身在不断历练中收获了更高的造诣和领导才能，也谋得了领导的信任和认可，便可以适时地发展自己的团队，做出更为显著的成绩。这就是上级"庇护"的力量。

3. 全局部署战略眼光

曹操的最大主动权莫过于竖起了东汉末年群雄逐鹿的大旗。作为一个全国通缉犯，如果董卓真的坐稳江山，曹操一族恐怕都会招致灭族。所以，趁着董卓江山未定，将一池水搅浑，引爆群雄争鹿，一方面，有助于自己摆脱亡族风险；另一方面，也可以借刀杀人，铲除异己势力。为以后一统大业铺平道路。可以说，就这样诸侯都成了曹操手里的玩棋，而唯一最终的获胜者才有机会跟曹操一决雌雄。

显然，曹操是一个合格的战略家，也是一个很有手腕的领导者。不管是历史的昨天还是社会的今天，这种全局视野都是每一个领导者所必须具备的。所以想要成为优秀的领导者，就必须学会把握全局并在这个棋局中，找到有利于自己发展的先决条件。

回顾历史着眼今朝，作为一个领导者，身居统帅的高位，倘若此时处于弱势，不如效法一下曹操的应对策略。只要开动脑筋主动谋划，必然会有扭转局势的那一天，那时所有有利的局势就会都倾向于你了。

每个领导者的一生，必然会面对各种各样的机遇与危机。而如何谋划的能力直接决定了他们今后的发展前途。不管怎样，关键时刻一定要学会纵观全局、审时度势，用自己沉着冷静的心态，胆大心细行动，主动地运作和部署。这一点上曹操不失为新时代领导者的典范。不谋划便罢，谋划了就一定要雷厉风行，执行到底！

孙刘联盟共抗曹：不计间隙巧联盟，借人之势为己用

我们站在高处向人挥手，手臂没有变长，别人却能在远处看到；顺风去喊人，音量没有升高，可别人在远处也能听到；那些驾车之人，未必能跋山涉水，却依旧可以到达千里之外；那些行舟之人，未必精于水性，却能横渡长江，这就是借势的力量。管理者倘若能够善用借势之道，那么团队一定站得更高、走得更远。孙刘联合抗曹，这显然就是一种借势。双方相互依托、优势互补，便战胜了当时强悍无比的曹操。

荀子在《劝学》中说过这样一句话："君子生非异也，善假于物也。"其意为：那些有才能的人，并非天生与普通人就有很大差别，只是更善于借助外物而已。其实，那些有大成就的人，他们的成功往往凭借的并不是一己之力，而是借助多方面的力量，或是与他人合作完成的。今天则更是如此，生存的竞争越发激烈，一个团队若想不断发展壮大，就必须在自身实力的基础上，学会善假于物，借助各方可以借用的力量，才有可能"百尺竿头，更进一步"。

有个成语相信大家都不陌生，就是"四两拨千斤"，在武侠小说中它是太极拳的精髓所在，厉害非常，虽然自己不用使出多大的力气，却能靠借力打力给予对战方沉重的一击。这就是我们今天所说的"借势"。

"借势"是现代经理人不可不掌握的一门学问。毕竟，一个人的精力是有限的，一个团队的实力也是有限的，即使管理者及其团队再怎么优秀，若想凭一己之力征服一切，显然是力不从心的。所以我们就要去"借"，"借智慧""借资金""借技术""借人才"……借一切可为我所用之物。要知道，这个世界早已为你准备好一切所需资源，只要运用智慧把它们搜集并组合起

来，想不成功都难。曹操一心称雄天下，尤其是官渡大胜以后，其势更是锐不可当。当时，谋士荀攸见刘备奔江夏而去，唯恐他与东吴孙权联结，越发难以剿灭，于是建议曹操邀约孙权共擒刘备，平分荆州。曹操闻言，深以为许，一面派遣使臣前往东吴约事；一面起水陆两军八十余万，号称一百万，直奔江南而来。

这下，刘备可慌了神。要知道，此时的刘备兵微将寡，加上刘琦的江夏人马，也不过区区数万人，怎能与曹操百万雄师对抗？这时，诸葛亮等人想到了东吴孙权。孙权三代统领江东，有威望、有实力，若能与孙权结成联盟，依靠其强大的实力，或许便可迫退曹操。

其实东吴这边也挺乱的。曹操遣使相约，东吴文武便分成了两派，文臣主降，武将主战。孙权是一方诸侯，江东英雄，其人素有雄心大志，怎甘心屈服于曹操之下，任人差遣。可是，若不相从，以东吴一军之力，也确实难挡曹操锋芒。正在这犹豫之时，鲁肃也提出了联盟的主张——与刘备相约共同抗曹，双方成掎角之势，各借彼势，相互依托，料能保东吴周全。

就这样，刘备方与孙权方不谋而合，于是诸葛亮作为人才被派遣到东吴。双方合力一处，果然在赤壁一战打得曹操狼狈不堪。毋庸置疑，在那个战火纷飞的年代，刘备与孙权终归会成为敌人，这一点他们心知肚明。但是在特殊情况下，不合作，就面临着被各个击破、吞并的危险。权衡利弊，双方终于达成了共识，我借你的势力，你借我的人才和地理位置，彼此互动，于是便有了那次名垂青史的大捷。

孙刘合作的案例，其实是很值得我们借鉴的。当今的市场竞争越发惨烈，那些处于市场中低层的企业，若想单凭一己之力发展壮大起来，难度着实不小。这就要求企业管理者必须具备大局观及合作意识，即便你与合作方曾经存在某些间隙，即便你们将来有可能成为竞争对手，但在大势所趋之下，我们应该以团队的生存、发展及壮大为首任，该合作的时候就合作，该结盟的时候就结盟。

也就是说，管理者能容其小，方能成其大。要想将自己的团队带好，要想闯出一片天地，各方面的力量我们都不可忽视，即便那只是一些微小的力量。

就拿如今的形势来说，各个行业内都有发展成熟的龙头企业，这种情况下，那些中小企业别说与其一争高下，甚至有些想生存都难。那怎么办呢？其实我们完全可以去联合那些不被大企业看重的力量，譬如将我们的产品派发到各个小超市、小卖场，卖出去则提成，卖不出可退货。如此一来，对方有利益可寻，不必担什么风险，而我们又可以扩大市场，走"农村包围城市"的道路，在市场中分一杯羹，这不是很好吗？

管理者需要认识到，在激烈的市场竞争中，既存在"明刀明枪"的"硬性竞争"，也存在背景条件下的"软性竞争"，而究竟要以怎样的方式参与到竞争中去，则需要我们对自身实力和形势作出一个准确判断。倘若自身实力不济，却偏要拿鸡蛋去碰石头，会得到什么结果可想而知。这种情况下，巧借外势，团结能够团结的一切力量去竞争，才是上上之策。

作为管理者，"相互帮衬"这点道理我们是一定要懂的，不能只着眼于眼前，而是要用容人的心态去看待世界，以求在必要的情况下达成合作的局面。这是最佳的经营心态和性格。清末豪商胡雪岩有句口头禅"花花轿儿人抬人"，这是一句杭州俗语，指的是人与人之间离不开相互维护、相互帮衬。人抬人，人帮人，要办的事才会顺利，事业才会发达。

鲁肃孔明策略同：排除纷扰看动向，联合力量同进退

曾有人这样说过，有人的地方就有战场。三国将领与现今的领导者，相同之处在于他们的领导之路都充满了不可测知的风险。他们拥有相同的智慧，也拥有相同的经验教训。三国中众英雄以亲身实践验证过的道理，或者以血泪和生命总结出的教训，放在今天一样行之有用。

硝烟弥漫的三国时代已经渐渐远离，在如今综合性社会的新三国战场中，一不注意就会被淘汰出局。因此，我们的领导者之间更需要确立共同的利益目标，联合力量共进退。因为成功的领导者都知道，脚下的路虽然漫长，但要紧处只有几步。

赤壁之战是三国战场著名的战役之一，此后三国鼎立的局面逐渐形成。而促使这场"以少胜多"战役成功的要素之一，便是孙权、刘备的联盟。作为两方部下的鲁肃与诸葛亮，在联盟的观点上都保持一致的态度，且不说是哪一方作出的贡献大，将这种有相同策略的双方团结起来，作为联盟共同进退的方法，对于现今的领导者们来说仍然受用。

领导者该如何寻求有利的合作伙伴，并且在这种联合关系中争得主动权，将自我的利益扩大化呢？我们可以在阅读三国故事的过程中发现答案。

让我们先来了解一下"孙刘联盟"的形成。曹操南征荆州，其势如破竹。之后刘表病死，刘琮向曹操投降，此时的刘备已无法抵御几十万曹军的进攻，不得不南下逃命。

刘表死后鲁肃马上向孙权进言："肃请得奉命吊表二子，并慰劳其军中用事者，及说备使抚表众，同心一意，共治曹操，备必喜而从命。如其克谐，天下可定也。今不速往，恐为操所先。"鲁肃请求孙权让自己前往吊唁刘表，

并说服刘备，使他安抚刘表之众，同心一意，共同对付曹操。孙权采纳了鲁肃的建议，并派鲁肃即刻出发，奔赴荆州。

鲁肃到夏口时，听说曹操已向荆州进发，于是他便星夜兼程。但当他赶到南郡时，刘琮已经投降了曹操，而刘备则仓皇奔逃，还想向南渡江。鲁肃当即迎上去，在当阳长坂与刘备相遇。鲁肃讲明了孙权的意思，陈述了江东强固的防守情况，并劝刘备与孙权并力抗曹。刘备听后十分欢愉，欣然地接受了这个来自东吴的橄榄枝。

不过这并不代表"孙刘联盟"的正式达成，从礼节或规程上讲，刘备都应该派代表去回访孙权，所以鲁肃又劝说刘备："今为君计，莫若遣腹心使自结于东，崇连和之好，共济世业。"

然而刘备对这次和谈还是有点不放心，毕竟他已经山穷水尽，与孙权的联盟就是他最后的救命稻草，容不得半点闪失。但当鲁肃领着诸葛亮来见孙权，诸葛亮却突然发现，情况有些不妙。孙权不仅没有积极迎战曹操的意思，反而"拥军在柴桑，观望成败"。其实这正是孙权演给诸葛亮的一出戏，为的就是提高自己在"江东和谈"中的地位，以获得"孙刘联盟"中最大的利益。以上所说的"孙刘联盟"即是谋求共同利益，最后双方共赢的最佳事例。当领导者需要这种合伙的关系存在时，双方之间应该在有相同目标的前提下，克服困难共同进退才能取得共赢。

那么在这里主要说到的便是，怎样才能建立并维持好这种互利合伙关系。

诸葛亮与鲁肃都曾向自己的主子提出过"孙刘联盟"的建议，但在具体实践中，鲁肃则要表现得更加务实主动些。于是当时机到来时，孙权便立即将这个东吴的橄榄枝伸向了刘备，创造了联盟合作的先机。领导者在寻求合作关系时，就应当找准有同样需求的联盟伙伴，并拟定共同的合作目标，主动联结这种得以互利的联盟关系。

另外，我们的领导者还要注意的是，在同盟双方联合力量共进退的同时，也要分析清楚合作关系未来的走向，在最开始的时候就把主动权掌握在自己手上，扩大自身的利益。这也是孙权在联盟中使出"观望成败"一计的真正目的。

关于建立合作关系，领导者需要注意的还有以下几点。

1. 有策略的选择合作伙伴

有策略地选择与你有利的合作关系，是建立互利联盟的先决条件。领导者需要具有独到的眼光与手段，找准有实力的合作伙伴。

从联盟的本质来看，其实就是合伙、共存。通过合伙，可以更好地实现自己的利益。那么领导者在选择合作伙伴时，首先要注意的是，不要过于盲目与臆断。并不是只有当下实力强大的一方才是合伙的最佳人选，要从长远考虑，必要时，可以将"有需求"的一方加入候选名单。

所谓"有需求"，我们也可以简单地理解为"有求于人"，就如"孙刘联盟"的刘备，接受联盟其实是他被逼无奈后的必然选择。身后有曹操大军追赶，恰好遇到孙权派鲁肃伸来橄榄枝，这样的机遇又有谁能放弃？而孙权考虑到刘备的实力与他陷入窘境的状况，如果此时联合"有需求"的刘备，作为救命稻草的孙权，就可以在今后的争霸中夺得主动权。

所以，领导者如果在"有需求"的众多合作关系中，联合有发展实力并且有潜质的一方，那么在今后的合作中，不但可以获得共赢，还能在这种良好的合作关系中占得上风。

2. 有计划地给予和索取

有计划地向合伙人给予与索取，是维护合作关系的保鲜剂。要知道利益性是合作关系最重要的特点。可以说没有利益，那么合伙关系就不会存在。

在"孙刘联盟"中，孙权决定与刘备合作，看中的正是刘备手中东吴没有的那张王牌——刘琦，荆州的合法继承人。当时以蔡瑁为首的投降派把荆州献与曹操，其实仅仅是荆北之地，而荆南尚处于半独立的状态，再加上刘备于荆州经营多年，也得到了不少民心。而刘备需要的则是孙权手下的几万江东兵马。各有所需，并且达成一致各取所需，这才是维护合伙关系的保鲜剂。

领导者要想创立并维护好这种合伙关系，首先必须让人感到这是"有利可图"的。有计划地在这种合作过程中给予和索取，能够互相取长补短，互相提供对方没有但需要的东西，这不仅指有形的事物，也是指无形的信息，因为在快速发展的今天，信息对于领导者来说显得尤为重要。在合作关系中有了这种互惠的利益诱惑，双方才会有长久合作共进退的动力。

3. 有远见地扩大自身利益

有远见地在合作关系中抢占主动权，扩大自身利益，这也是领导者在合伙过程中需要注意的。尽管是合伙，但获利多少并不是纯粹统一的，要知道同盟双方注重的都是合作过程中的得失，彼此希望的是对方能为自己提供更多一点的利益，那么这时领导者就需要率先抢占合作关系的主动权。

孙权之所以在"孙刘联盟"中使出"观望成败"一计，正是在联盟前作了长远的考虑，他想到刘备不是等闲之辈，深知此次的联盟一旦合力击败曹操，刘备可能会立即与自己争夺胜利成果。所以最好的办法就是，在这样一个危急的时局下，向刘备提出一个苛刻的合作条款。在联盟前就让刘备知道，自己并不是只有跟他合作这一条路可走，还可以投奔曹操。那么刘备就会为了抓牢孙权与自己合作的契机，从而给孙权开出优厚的条件。

这里要说的并不是领导者在合伙关系中只需顾及自身的利益，从而忽略合伙人。所谓合作都有一个平衡性，只要不过分，能让对方接受，且不影响彼此之间的合伙关系，领导者大可以在合作共赢的过程中多赚取自身利益。

孙权与刘备的联手，不能说是弱弱联合，却也不是实力强大双方的联盟。"孙刘联盟"之所以会在"赤壁一战"中以少胜多，打败计谋多端的曹操，与他们之间这种策略相同、共同进退的联合关系是分不开的。领导者需要的是以独到长远的目光发掘合伙人，并且建立、维护好这种联合关系，这样最终才能实现共赢的战略目标。

俗话说"三人同心，其利断金"，唯有同心同德，精诚合作，才能使合伙关系中的双方都获取利益。在建立合伙关系的过程中，领导者需要注意的是联盟关系的维护，以及合理地扩大自身利益。

合作的过程中领导者应切忌离心离德，也不要仅仅把目光放在微不足道的小利上面，而应着眼于长远，用发展的眼光看待彼此的合作关系，这样才能实现未来的潜在利益。

孔明借箭之根本：显才不为炫耀名，借箭船头创共赢

有人认为，草船借箭一事，诸葛亮不该一力应承。因为周瑜本来妒忌心就重，如此一来，只会让自己的危险性更高。是故他们认为，诸葛亮这个人还是太爱炫耀才能。其实，事实未必如此，我们往深处分析就会发现，诸葛亮此举更多的则是为了促进彼此的合作。

老百姓常说"大鱼吃小鱼，小鱼吃虾米"，表面上看讲的是生物界的食物链，其实亦是竞争中的一种真实写照，即强者吞并弱者！

竞争犹如战争，在争夺市场的过程中，实力偏弱的一方必须依靠联盟，几个小势力拧成一股绳，相互弥补实力上的缺陷，便可以"集体的力量"形成与强者的对抗。这就犹如春秋战国时期的纵横之道。以苏秦、张仪为代表

的古代纵横家们，凭借自己睿智的头脑以及出神入化的雄辩能力，说动各方诸侯联合起来，共同对抗强大的某一方诸侯势力，使其不敢轻举妄动，便保得了其余各方的平安。这种纵横之术今时今日仍对我们管理者具有一定的借鉴意义，哪位卓越的团队管理者能够熟练地运用这种策论，就一定能在自己所处的领域中纵横驰骋。

诸葛亮可以说是三国时期最成功的纵横家，他辞别刘备，独自来到江东，舌战群儒，说孙权、激周瑜，最终取得了结盟策略的成功，料想其风采想必不在苏秦、张仪之下。不过，在合作的过程中，诸葛亮也着实遇到了不少难题，譬如说我们熟知的草船借箭。

有人说诸葛亮不该允诺周瑜，将自己陷入险境之中。其实不是这样的，诸葛亮草船借箭，其根本目的并不是为了炫耀自己的才能。我们知道，周瑜这个人文韬武略样样了得，那是心很高、气很傲的。这样的人，你不能让他看不起，你不拿出点真本事让他瞧瞧，他怎么会与你这无能之辈诚心合作？所以说，诸葛亮这根本是为了刘备大业不得已而采取的策略，即便是要将自己置身于险境之中。更何况，这对于抗曹而言，是一件有利的事，想必诸葛亮当时也有这种"互惠互利"的心态吧。

诸葛亮的这种心态和做法是很值得现代管理者学习的。既然是合作，首先讲究的就是互惠互利，就是使合作者之间都能够得到优惠和利益，使合作的结果皆大欢喜，这是双赢思维的典型体现。但是，要做到互惠互利不仅仅是一方的事情，它要求合作的任何一方都要有双赢的品格、过人的见地以及积极主动的精神。而且应以安全感、人生方向、智慧和力量作为基础。这对于良好生存境界的抵达具有积极意义。这方面，诸葛亮做得就很好，他深知周瑜其人妒才，但为了达成彼此的共赢，还是硬着头皮去借箭，这是需要很大气度的。

但事实上，我们更应学习的是诸葛亮在此中的策略，即用能力折服周瑜，令其毫无顾虑地与自己合作。

在现代市场竞争中，将多家存在利益关系的力量联合起来，组建一个利益共同体，其必要性想必大家都知道。但问题是，我们要如何去说服对方，让对方愿意与你合作呢？其实，这个道理看似复杂，事实上又很简单，因为大家的目标是一致的——即为本团队谋利益。作为发起人，你就应该以此为切入点，将文章做好。譬如，在合作谈判的过程中要强调互相合作、互惠互利的可能性、现实性、紧迫性，引起对方感情的共鸣，激发对方在自身利益认同的基础上来接纳你的意见和建议。同时，强调彼此利益的一致性，用对方利益或共同感兴趣的问题为跳板，因势利导，解开对方思想的扭结，在取得对方思想上的共识后，你还需要给合作伙立一个"军令状"。为什么？因为每个人都有趋利避害的心理，在你说服他们的时候，他们一定会在考虑如果接受合作的建议，能否为己方带来利益，能带来多大利益。如果说服中不能让你的伙伴解开这个疑团，说服工作便会失败。公司间谈判不是只讲奉献，不讲索取，因此说服工作有必要给对方立一个"军令状"。当然，这要在你能力的范畴之内，以免失信于人，适得其反。如此一来，对方在认为与你合作能够获利的情形下，合作的意愿以及诚意则必然会随之大增。

管理者若能在分析市场规律后，巧妙地运用现代兵法和古人合纵连横策略去说服合作者，让道理既明晓又具说服力，便有很大概率可以获得合作的成功。仔细想一想，其实，有许多其他领域的策略和方法都可以灵活地运用到现代管理之中，关键在于领导者的思维是否灵活。

刘孙联姻暗较劲：上下级沟通为本，避免想法各不同

"人生成功的秘诀，在于你能驾驭周围的群众。"这是美国前总统里根在一次餐会演讲中，勉励企业精英们如何追求卓越的金玉良言。里根说得可谓是一针见血。身为管理者很难靠一己之力取得成功，你必须经常依赖他人的大力支持和合作，才能完成使命。因此，你本身成功与否，完全取决于你与下属"沟通"的能耐和功夫。诸葛亮和周瑜堪称是三国中智冠天下的双雄，而他们的领导刘备、孙权二人也都称得上是难得一见的好领导，但纵然如此，他们之间还是未能达成步调一致。

对于管理者而言，有效地与下属进行沟通是非常关键的工作，任用、激励、授权等多项重要工作的顺利开展，无不有赖于与下属的沟通顺畅。

良好的沟通是管理者与下属之间感情联络的有效途径，沟通得好与坏，直接影响着下属的使命感和积极性，同样也直接影响着企业的经济效益。只有保持沟通的顺畅，企业的管理者才能及时听取下属的意见，并及时解决上下层之间的矛盾，增强企业的凝聚力。

诸葛亮追随刘备，周公瑾辅助孙权，在世人看来是良臣遇到了明君，但事实上，在这样的良臣与明君之间也存在着"不和谐"的局面。我们先说说孙权嫁妹一事。这件事于情于理，都应该是孙权一个人的主张。你想，周瑜与东吴孙家关系再好，但毕竟君臣有别，他怎么敢僭越人臣之礼，以主公的妹妹做赌注。在孙权敲定此事以后，周瑜马上提建议，借机囚禁或除掉刘备，最起码使他们君臣分离，以便各个击破。对于周瑜的建议，孙权虽然接受，但并没有太当回事，是故事先未能做好家庭工作，最终使周瑜的计划功败垂成。

再说刘备这边，娶孙权之妹，也完全是刘备心甘情愿，并非诸葛亮力劝，不得已而为之。作为智者，诸葛亮深知此去的危险性，他事实上并不希望主公以身犯险，但刘备主意已定，诸葛亮也就不好再说什么，只得暗暗塞给三个锦囊，并吩咐他如此云云。

由此我们可以看出，诸葛亮、周瑜与刘备、孙权的战略高度和思考角度是不同的。刘备、孙权二人的想法大同小异，都是希望通过"和亲"加强"孙刘联盟"，对于其他则并未多做考虑。孙权只想到联盟，而周瑜劝他借此良机翦除刘备，不留后患，他做不到；刘备对于彼此的紧张关系没有足够的认知，身处险境而尚不自知，亏得诸葛亮未雨绸缪，赵云智勇双全，才得以全身而退。

我们再来说说刘备伐吴一事。关羽之死，令刘备悲痛欲绝，发誓要将东吴踏为平地。但诸葛亮及群臣认为，此时伐吴，时机尚不成熟，一方面北方曹操虎视眈眈，一方面东吴兵强马壮，根基深厚，也不是一朝一夕可以击败的。于是文武大臣苦苦规劝，但此时的刘备显然已被仇恨之火烧没了理智，不顾群臣及诸葛亮的反对，一意孤行。没办法，诸葛亮只得只稳后方，遣赵云等精兵良将追随刘备，发兵东吴。结果，刘备因不谙兵法，被陆逊一把火烧了七百里连营，败走白帝城，郁郁而终，西蜀基业毁于一旦。由此可见，这三国君臣之间并不如我们想象中那般投缘。权力会使人腐化，管理者大权在握，有时便难免自我膨胀，不听人言，刚愎自用，到头来往往自讨苦果。

无怪人说："管理是意见沟通的世界。意见沟通一旦中止，这个组织也就无形中宣告寿终。"在现代管理中，我们应提高对意见的沟通的重视，如果你能掌握更多与人沟通的技巧，并严格要求自己照此去做的话，也一定能够和当今许多杰出的成功管理者一样获得如下好处：

第一，可以充分利用"集体智慧"，并从中产生最佳的决策；

第二，成功地以新的角度来检讨、改善自己的管理风格；

第三，替摇摇欲坠、面临困境的组织找到一条可以重振生机的光明道路；

第四，对下属的想法、感受有了更充分的了解，能快速地和下属们建立更亲密、更和谐的关系；

第五，团队成员都会视团队为生命共同体，大家以团队的成就为喜，以团队的失败为悲；

第六，每位团队成员都很清楚地看到自己和别人的目标、位置，能够更好地互相合作，贡献自己的力量；

第七，更有利于组织间工作的协调，提高团队的工作效率；

第八，创造出一个下属可以激励自己的工作环境。

现代的企业一般规模庞大，受影响的因素众多，结构复杂。管理者必须做好沟通、协调工作，使各部门、各要素充分发挥作用，才能顺利地实现既定目标。

绩效的高低与管理者花在沟通上面的时间多寡往往成正比，许多成功的企业总裁、总经理、专业经理人，他们花在沟通方面的时间高达50%以上，有部分人更高达90%。一位信息业的总经理在一项命名为"成功的沟通"的座谈会中就直言不讳沟通的重要性。他说："当我开始完全学会沟通技巧之时，也是我的事业正式起飞，踏上成功大道的时刻。现在我平均每天要花掉约70%的时间和我的伙伴、下属们面对面地沟通。当然，我也必须和外界的供应商、经销商、大顾客、政府部门等有利害关系的人们进行沟通。总之，我现在每天都重复不断要做的唯一大事就是'沟通'。"

如果将沃尔玛公司的用人之道浓缩成一个思想，那就是沟通，因为这正是沃尔玛成功的关键之一。

沃尔玛公司以各种方式进行下属之间的沟通，从公司股东会议到极其简单的电话交谈，乃至卫星系统。他们把有关信息共享方面的管理看作是公司力量的新的源泉。当公司仅有几家商店时就这么做，让商店经理和部门主管分享有关的数据资料。这也是构成沃尔玛公司管理者和下属合作伙伴关系的重要内容。沃尔玛公司非常愿意让所有下属共同掌握公司的业务指标，并认为下属们了解其业务的进展情况是让他们最大限度地干好其本职工作的重要途径。

分享信息和分担责任是任何合伙关系的核心。它使下属产生责任感和参与感，意识到自己的工作在公司的重要性，觉得自己得到了公司的尊重和信任，他们会努力争取更好的成绩。

沃尔玛公司是同行业中最早实行与下属共享信息，授予下属参与权的，与下属共同掌握许多指标是整个公司恪守的经营原则。每一件有关公司的事都公开。在任何一个沃尔玛商店里，都公布该店的利润、进货、销售和减价的情况，并且不只是向经理及其助理们公布，而是向每个下属、计时工和兼职雇员公布各种信息，鼓励他们争取更好的成绩。

管理者应当鼓励团队成员参与意见沟通。我们可以安装一些意见箱，这样，每一个团队成员都可以随时将自己的问题或意见投到意见箱中。我们还可以对此制定一些奖励规定，凡是意见经采纳后，产生了显著效果的，团队将给予个人优厚的奖励。这样，管理者便可从中获得许多宝贵的建议。

2 谋定篇

深谋远虑争天下，众志同心大事成

想得天下者为数众多，竞争激烈，若要在其中胜出并不容易。纵观天下乱世英雄不少，真正得着天下的屈指可数，除去上天眷顾的机遇元素外，大多数人都是精于谋划的领导高手。正所谓："万事三思而后行。"做人如此，统领团队更是如此，若想将事业定在得天下这个目标上，就一定要从容谨慎，凝聚自我团队的向心力。它考验的不仅仅是一个领导的规划力，也考验着他作为主帅的决策智慧。对外，远见卓识，精于谋划；对内，上下同心，德才兼备。这说得容易，做起来太难了，但成大事者必先经此锤炼，才能成为胜出的佼佼者，最终在身经百战之后，成为那个笑到最后的王者。

法则三：深思熟虑，先谋定后行动

万事都要讲求提前规划，毕竟真的到了真枪实弹的战场上，再铺开地图指指点点是来不及的。这就好比是一盘微分胜负的棋局，只有走一步看好几步的人才能在最终拔得头筹。正所谓智者眼观千里，其间的学问真的不言而喻。兵家常说："知己知彼，百战不殆。"提前谋划，远见卓识，才是真正成就事业的大智慧。

孔明唁瑜化众怒：表露真情博同情，干戈方可化玉帛

是对手，也不一定是敌人，但争取一个对手，就一定会少一个敌人。当周瑜被孔明"三气"而亡后，孔明为修好东吴，以图西蜀，竟乘一叶扁舟，赴周瑜灵堂吊唁，声泪俱下地发表吊唁。真情感人肺腑，使得磨刀霍霍的东吴将士，也放下屠刀，转而同情孔明，思之大局，根源在曹，终于化干戈为玉帛，孙刘重修旧好，共同对曹。孔明表露真情化众怒，可谓"心战为上"啊！

真正聪明的领导人会做长远布局。兵法有言："心战为上，兵战为下。"

对每个人来说，心才是行动的主宰，真情远胜杀戮。孔明情真意切的吊唁，化解了东吴将士心中的怒火，避免了一场血流成河的厮杀，这正是孔明化解公关危机的心理战术之一。

对领导者而言，用心去筹划并迎合对方的情绪波动，做到在心理上控制对方，深入人心的信服比强加在身的征服更能化干戈为玉帛，联结盟友。

如何让针锋相对的人信服你，放下成见，一致对敌，心甘情愿地为你的计划鞍前马后，关键是要找到打开对方心门的钥匙，打开他们的心胸，心悦诚服地与你并肩作战。

倘若你的对手遭遇不幸，千万不要躲在家里偷着乐，这个时刻并不适合你得意忘形，而更适合去对方的阵地表一番真情实意，化解误会，赢得合作机会。领导者要有这个意识：强大的对手也是强大的伙伴，化干戈为玉帛才是上上策。

化解公关危机，打"情感"这张牌一定有效，且看孔明唁瑜是如何化众怒。周瑜死后，孔明不顾刘备反对，带上赵云，前往柴桑周瑜的灵堂吊唁。孔明此行有两个目的：一是担心周瑜一死，孙刘两家反目成仇，想要重修旧好；二是为刘备寻访东吴名士，扩充内源。从眼前的形势来看，与东吴结盟仍是最好的选择。

孔明一行人来到柴桑，受到鲁肃的以礼相待，但周瑜的部下却杀气腾腾地望着孔明，顾及旁边的赵云，才不敢轻易动手杀掉孔明。

只见，孔明在灵前摆上祭品，跪拜在地，取酒浇祭，两行清泪便夺眶而出，声泪俱下朗读祭文：

"呜呼公瑾，不幸夭亡！修短故天，人岂不伤？我心实痛，酹酒一觞；君其有灵，享我烝尝！"

短短数语，悲情可叹，不但一下子将众人的对立情绪缓和大半，也把众人带入了吊念大都督周瑜的哀思中，把握现场气氛，迈出危机公关的第一步。

"吊君幼学，以交伯符；仗义疏财，让舍以民。吊君弱冠，万里鹏抟；定建霸业，割据江南。吊君壮力，远镇巴丘；景升怀虑，讨逆无忧。吊君丰度，佳配小乔；汉臣之婿，不愧当朝。吊君气概，谏阻纳质；始不垂翅，终能奋翼。吊君鄱阳，蒋干来说；挥洒自如，雅量高志。吊君弘才，文武筹略；火攻破敌，挽强为弱。"

从周瑜幼年，弱冠，壮年，气概，丰度，宏才不同方面赞赏周瑜短暂而辉煌的一生，因而让在场人无不为之动容和敬佩。这是推进外交策略的主要环节，用词精炼，点石成金，引起强烈共鸣。

"想君当年，雄姿英发；哭君早逝，俯地流血。忠义之心，英灵之气；命终三纪，名垂百世。哀君情切，愁肠千结；唯我肝胆，悲无断绝。昊天昏暗，三军怆然；主为哀泣，友为泪涟。"

痛惜周瑜英年早逝，趁着现场吊唁的悲怆，三军气哀，同时也为提出吴蜀联合，同心结盟埋下伏笔。

"亮也不才，丐计求谋；助吴拒曹，辅汉安刘；掎角之援，首尾相俦；若存若亡，何虑何忧？呜呼公瑾！生死永别！朴守其贞，冥冥灭灭，魂如有灵，以鉴我心：从此天下，更无知音！呜呼痛哉！伏惟尚飨。"

既阐述了周瑜助吴拒曹，辅佐汉室帮扶刘备的卓越贡献，又语意巧妙地暗示"亮也不才，丐求计谋"，也是对"既生瑜何生亮"的聪明回应。

众人看见孔明祭拜周瑜的真情流露，再也没人有杀孔明之心，连他们不和的传言也都不攻自破，因此后人更愿意相信周瑜是因为心胸狭窄，而自己气死自己罢了。

可见，孔明此次外交任务大获全胜。这里孔明一纸唁词，哭诉了周瑜不平凡的一生，赞美之情毫无掩饰，既显示了才情，也展示了人格，同时化解了孙刘两家的仇恨，消除隔阂，继续一致抗曹。

可以说，孔明唁周瑜是一次绝妙地化解公关危机的实例，个中道理值得每一位领导者品味和借鉴。当我们的对手对自己心有芥蒂，产生隔阂时，我们是不是也可以采取"情感攻击"，在心理上让对手感到信服呢？

叔本华曾说："如果可能，任何人都不要心怀仇恨。"任何时候，"牵手"都比"撕破脸"更能体现一个领导者的卓越管理。因此，深得人心的领导者必须清晰地认识到"情感沟通"的内蕴和至高境界。

1. "情感沟通"代表"柔"，即柔性领导

以情打动人心、赢得人心，是领导者的柔性魅力。他突出了领导者的"软权力"和领导艺术上的高屋建瓴。孔明"明知山有虎，偏向虎山行"的勇气和胆识，其实是对自己这张"情感"牌胸有成竹。

欲想化解孙刘两家的仇恨，必先化解东吴将士对自己的怒火，因而，对周瑜的祭奠变得非去不可，并且要表现得比任何人都要悲恸，再大的怨气在声泪俱下的祭文中都烟消云散。

在面对剑拔弩张的公关危机时，"针锋相对"不仅难以控制局势，并且容易把"对手"亲自推向"敌人"的境地。何不发挥出领导者的人格魅力、感召力和公信力，在对手面前低下头，欣赏你的对手，向他展示出双方合作的美好前景。

告诉对手你需要他的帮助，也许会让对手更快地抛开成见，携手共进。

2. "情感沟通"是识大体、谋大局的表现

孔明难道不知道东吴的人已经将他恨之入骨吗？东吴磨刀霍霍的声音，孔明早有预感。只是如果此时不去，孙刘两家的积怨会更加无可调和，那么抗曹大联盟也将随着周瑜的死彻底夭折。

"与东吴修好，以图西蜀"，才是大局所向。而与东吴冰释前嫌，共谋大业，必须要用"软攻"，以情动人，以理服人，攻心为上。

在领导学上，全局和整体是领导者一切外交策略的出发点，这要求领导者总揽全局，审时度势，尽量用情感交流，做到互通有无。只要你的想法在

情在理，就不必担心对手不买账，对双方都有利的决策必有它不可抗拒的说服力。

3."情感沟通"是领导活动的和谐状态

没有厮杀，没有争夺，没有兵戈相伐，只要感情契合，一切矛盾都变得柔和。因为不理解而针锋相对，因为理解而同仇敌忾，这就是情感的攻心之效。

孔明正是抓住这一点，通过祭奠周瑜，一表真心，大表失去同盟益友的悲切之情。感情相通，还有什么问题不能和平解决的呢？

所以，善用"以情动人"，是领导活动的存在状态，也是保持外交关系和谐的最佳手段。领导者"有情"，才能争取"有义"的结果。

孔明不仅是位出色的外交家，更有成大事、立大业的领导者风范。在形势敏感时期，出访东吴，整个过程都有谋有策，既感动了仇恨他的人，也争取到了对手阵营的理解与合作，真是深谋远虑，无往不胜啊！

被对手误解并不可怕，可怕的是做领导的没办法做"消防员"。在领导者艺术的范畴内，用非权力的影响力去感化对手，让对手信服，就是最好的灭火器。

"既生瑜，又生亮"必有其存在的意义，没有这对劲敌，问鼎三国的角色定将重新改写。作为领导者，应该为自己有一位势均力敌的对手感到庆幸，你的命运走向很大一部分都和你的对手有关。不管敌我双方的竞争如何激烈，"对手"背面是"合作"，只要能让对手翻个面，众志同心定能书写另一段辉煌史。

陆逊忍辱退蜀军：忍辱负重存后劲，沉住气者得战机

一介儒官，披上铠甲，坐镇军营之时，就注定要成为备受争议的人物。陆逊这个儒学世家的子弟，被孙权钦点为抗击刘备的统帅后，由于资历不深，就有各种的瞧不起和质疑，正是在"上有命令，下有压力"的窘迫境地，陆逊忍辱负重，击败刘备大军，用铁证的胜利破除所有怀疑的声音。陆逊是如何负重存后劲，忍辱退蜀军的呢？我们一起在历史中寻踪觅影。能够忍辱者会有大势力，因为他们懂得韬光养晦，等待时机。能够忍辱之人，不会恣意而为，不谋而动，因而他们能够避开大祸而保实力，这样的人最聪明。

作为统领团队的领导者，要想"鱼跃龙门"，更上一层楼，就必须先有"钻狗洞"的忍受力，忍受成功前的不理解和不公平，"忍他人所不能忍，方能成他人所不能成"。

凡是有大志向的领导者，先能"忍"后能"得"，陆逊退下官袍，披上战衣，压倒众议，成功逼退刘备，靠的就是忍辱负重。蜀主刘备得知孙权夺取荆州而杀害了关羽，怒火中烧，全然不顾赵云等人的反对，调集大批人马，出兵攻打东吴。孙权派人前去求和也遭拒绝，孙刘大战已成定局。

刘备来势凶猛，连拔东吴数座城池，孙权只好起用陆逊为大都督，全力抵抗。

次年初，刘备大军水陆并进，直达夷陵，在长江以南的三地上设置了十几处军营，声势浩大，吞吴之心昭然若揭。

陆逊见刘备占据有利地势，便固守阵地，毫无对抗之意。当时，东吴的一队人马在夷道被蜀军围困，要求陆逊前去增援，可陆逊依旧不肯出兵。

他告诉手下将领，谁也不能擅自增派人马，夷道之地城池坚固，粮草充足，等到我的计谋实现，那边的包围自然会被解除。

可众将领并不理解陆逊，反而对他既不攻打蜀军，也不增援夷道的做法，意见纷纷，大家觉得陆逊胆小怕事，根本不是做将帅的料，不配拿着主公的佩剑坐在军营里指手画脚。

陆逊便召集众将，手持宝剑，给大家一个震惊的下马威，陆逊说道："刘备这个人，连曹操都惧怕三分，现在他亲率兵马，实力更不容小觑。如果此时，我们轻举妄动，只是以卵击石。大局当前，我们理应同心协力，消灭敌人。我虽是一介书生，不过主上任命我为大都督，就是看在我能忍辱负重，为大局着想。若谁还有异议，不按军命行事，定当以军法处置。"

陆逊坚持不与蜀军正面作战，七八个月后，蜀军筋疲力尽，军心涣散。

时机成熟，陆逊利用顺风放火，一招"火烧连营七百里"，让刘备狼狈归逃到白帝城，不久病死在此。

这一仗，东吴不费一兵一卒，就给刘备狠狠一击。陆逊的忍辱负重，让众将士心生敬佩，无人再有异议。有人认为，忍耐无争、和颜悦色、宽恕容忍、从不据理力争是懦夫的典型作为，殊不知，能有这样觉悟的人，才是真正大智大勇、大仁大义。

事实上，在估量自身实力尚无绝对取胜的把握下，暂时的忍辱负重是明智之举；没有那金刚钻，还硬要揽瓷器活，才是四肢发达，头脑简单的愚昧之人。

担当好领导的角色，就要有大智大勇、大仁大义的博大胸怀和修养，一忍当百勇；一静制百动。能包容一切，故能接受一切，接受一切，必能改变一切。大肚能容，逆来顺受，并不是胆小怕事，而是看准时机，为"大功告成"的临门一脚隐藏实力。

在忍耐中等待命运的转机时，领导者必须做到"三忍"。

1. 一时之气要忍得

虽贵为领导者，但依然是"上有领导，下有群众"，上面下命令，下面闹革命，中间的领导者要受的"窝囊气"也不少。你看那陆逊，尽管是孙权钦点的大都督，但陆逊手下的人也都有身份有来头，不是王公贵族，就是和孙权有连带关系，谁都能跟陆逊叫板，不听调遣。手持宝剑，却毫无地位，这个领导当得确实窝囊。

这份气陆逊受了，他并没有在孙权面前大大地参他们一本，而是顾念大局，宽容了众将领，点明敌我悬殊，不可轻举妄动。

所以，何不做一个精明的领导，宽容那些给你受气的人和事，不要只当"受气包"，而要为自己装上"排气阀"，受了气也不必放在心上，即使遭受委屈，也不放弃对真理的追求。

2.一时不公要受得

"文官做武将"，不是孙权疯了，就是陆逊疯了，但众将领不敢质疑主上，只能把心中不满撒在陆逊身上。仗还未开始，真本事还没上台面，就已经备受军营里上上下下的鄙夷，这让陆逊心中倍觉不公。

好在，陆逊心怀大任，对自己不公平的遭遇冷静处之。

受得起不公平待遇，是对每个领导者的考验，任何一个单位，都不会找一个不专心做事，却对自己的待遇斤斤计较的人来做领导。聪慧的领导从来不把自己的抱怨袒露出来，而是用真本事让不公平变得公平。

3.一时旁落要等得

做领导的一定有这样的遭遇：明明才高八斗，却无人赏识；明明满腹经纶，却无处施展，身居要职也是有名号没实权，这样的状况，不论是职场还是机关都时有发生。

俗话说，养兵千日，用兵一时，不是不用，只是时机未到。做领导要等得，耐住性子，把冷板凳坐热，不要选择逃避和灰心。陆逊在未打败刘备之时，也照样不被众将领放在眼里，有名无权。

在被人冷落的情况下，领导者更要表现出高姿态，积极面对，养精蓄锐，查找原因。只要对症下药，相信自己，成功的主动权依旧是握在自己手中。

苏轼的《留侯论》里说道："古之所谓豪杰之士者，必有过人之节，人情有所不能忍者。匹夫见辱，拔剑而起，挺身而斗，此不足为勇也。天下有大勇者，卒然临之而不惊，无故加之而不怒，此其有所挟持者甚大，而其志甚远也。"

做领导，就要拿出领导者的豪情大度，磨砺超出常人的忍耐力。忍字头上一把刀，挨得过这把刀，寸寸心血会教会你如何步步高升。

忍辱负重，不是一味忍受而不作为，"忍"是为了更好地"动"。何时该忍，何时该动要以天时、地利、人和为标准。领导者要在隐忍的静态下，抓住有利时机，利用自己的聪明才智，该出手时就出手，时机成熟，就"八仙过海，各显神通"。后劲十足，才能完成鱼跃龙门的精彩一跳。

刘备驻守白帝城：不急对外摇战旗，内部整顿最重要

刘备于乱世争霸中，纵横一生，却在人生的最后时刻达到了他权谋之术的最高峰——白帝城托孤。刘备在攻打东吴失败后，退守白帝城，知道自己命数已尽，但蜀国大业仍需要一个权力制衡的团队继续完成，因此假借"托孤"为由，重新为蜀汉政坛洗牌，完成内部派系的平衡之约，为自己的谢幕留下了一个大大的感叹号！

中国自古就有"攘外必先安内"的说法，外患固然可怕，可内部问题更为关键。一个团队的存亡一般不是由于外部原因，恰恰在于内部争斗，内耗

而亡。作为领导者，不能只把眼光放在外扩的版图上。"祸起萧墙"，最大的敌人全都在内部。

整顿好内部，是一位领导者的基础工作。好比一场战争，作为指挥官，面对如狼似虎的敌人，你不仅需要对敌人了如指掌，还必须有一支"上下同欲"的军队，这就是内部管理的功课。

正是深知内部敌人才是心腹之患，管理不当，时刻有叛变的危险，刘备才苦心思量，炮制出了这招"挥泪托孤"的苦情剧，让诸葛亮、李严、赵云同时受托。

具体经过是这样的：刘备经过东吴一战，损伤惨重，逃至白帝城安营扎寨。此时，刘备已经身染重病，命若悬丝。此时他最担心的是蜀国大权会落入旁手，自己的儿子刘禅懦弱无能，难以担负重任，于是刘备想到了"托孤"，以"托孤"为由，实现人权制衡。

刘备最先想到诸葛亮，于是派人日夜兼程请来诸葛亮嘱托后事。

诸葛亮见刘备病危，连忙跪倒在龙床前。刘备先向诸葛亮表明自责之意，因为自己知识浅薄，不听丞相的话，才落下今日的惨败下场，而后向诸葛亮交代了"托孤"一事：刘禅太弱，不得不将大事托付与丞相。

刘备环顾左右将官，见马谡也在身边，便叫他暂时退出。刘备提醒诸葛亮马谡这人言过其实，要慎重任用他。

刘备说完，便召集众将官到齐，其中就有掌管军事大权的李严。当时李严管理内外军务，诸葛亮主理内外政事。于是刘备煞费苦心，让诸葛亮和李严同时受托，在军事和政治上为刘禅保驾护航。

做完上述布置后，刘备"托孤"之心还没落定。他又把赵云叫到身边，对赵云说，刘禅是他七进七出曹营解救回来的，因此，希望赵云继续照顾刘禅。

"托孤"完毕，刘备又握住诸葛亮的手，暗示刘禅能帮就帮，不能帮就让诸葛亮做两川之主。诸葛亮听后立刻哭拜在地，发誓定当竭尽全力辅佐太子，以死报效主公。

刘备"托孤"之意终得圆满，双眼一闭，就断了气，享年63岁。一个儿子为何要同时托付给三个人，难道刘禅真的一无是处吗？其实，这都是刘备"托孤"的用意所在据史料记载，刘备白帝城托孤的真正对象是赵云，而并非诸葛亮和李严。刘备亲手导演的这场"托孤大戏"，实则是为了确保蜀汉政权，在他死后不会陷入混乱的权力争斗中，赵云、诸葛亮、李严相互制衡，不要让蜀军内部乱作一锅粥。

事实上，刘备这一用意在一定时间内对稳定蜀汉内部政权起到了制约作用，刘禅也如愿坐上皇帝宝座。

从一个团队的领导者角度来说，身上肩负重任，同时也手握大权，内部的资源和人力都是可以随时调配和运用的资本，要想协调好这些资本，就必须真正地拥有和掌控这些资本，把手头的资源和人力集中在实现工作计划和工作目标的大方向上。

这便是内部管理的工作核心，塑造一支齐心协力，打不散也拖不烂的精锐团队。

内部整顿的重要意义体现在：

1. 一屋不扫何以扫天下

"寇贼在处，四肢之疾；内政不理，心腹患之"，在没有把握对外摇旗之前，先治理好集团内部的问题，"挑刺拔钉"地稳定内部矛盾，扑灭"窝里反"的苗头，扫一扫屋里"不和谐"的灰尘。

这一点，刘备的"扫帚"就挥得很有心机，知道自己死后，西蜀最大的矛盾将集中在诸葛亮集团和李严集团，所以，就发动眼泪攻势，将儿子同时托付给两人。所谓"死者为大"，有先主的临终托付，两人也无法再纠结在个人利益上。

这样，两人有了同一个目标、同一个理想，这一文一武的两大名将成为刘禅的左膀右臂，儿子地位稳固了，西蜀霸业也大有希望。

2. 积聚内力，打造团队执行力

每个领导在整顿内部问题的时候，都应该先从"人事"上做好调配。一切问题，只要解决好人的问题，就没多大问题。人际关系如果难以密切配合，领导的政策和命令就难以得到贯彻和执行。

拿破仑说过，狮子率领的兔子军远比兔子率领的狮子军作战能力强。这句话有两层含义，其一，主帅的领导力决定了作战力；其二，能力和智慧相同的人，要分开来用。

比如诸葛亮和李严，刘备就让两人一个主外、一个主内，各司其职，加上辅佐刘禅的重任，两人就更加不敢怠慢肩上的责任和义务，相互配合，积聚内力，强化团队合作的执行力。

3. 借力打力，变劣势为优势

其实，刘备的"托孤"一计就是典型的借力打力，诸葛亮、李严、赵云三人在蜀国各有势力，如果三人各为阵营，相互打击，必将会陷蜀国于不义之地，刘家的江山恐怕要更名改姓了。但若是把三人之势拧成一股绳，这就能把劣势转化为优势。

这就是领导者看问题的深度，有时候表面上的矛盾，只要换一个角度去解决，它也许就会成为团队发展的极大优势，所以"借力打力"并不是当领导的打击下属，而是让下属形成制约平衡的合作关系。

领导团队，最核心的理念就是"合作精神"，要让每个成员认识和重视自己的"本分"，所以内部整顿就是帮不协调的人协调起来，看清时局，理顺关系。

"带队打仗"只是领导者职责之一，敢于走向竞争，就要锻造一支经得起竞争的团队，上下同心，其利断金。

关于内部整顿问题，向来是领导者的最基础而又最棘手的工作。处理内部人际问题，需要有极高的情商智慧。领导者的决策既要独谋善断，又要说服人心，可以将团队成员的眼界，提高到大局的战略高度，个人利益，眼前矛盾都应该为全局使命让路。

刘备东征元气伤：思路清晰不乱阵，挂帅切忌耍意气

毫不夸张地说，刘备是在马背上走完了他的一生。从幽州到徐州，从冀州到荆州，再到最后的益州，辗转大半个中国，才在西隅找到一处安身之地，这边屁股刚坐热，就按捺不住寂寞，为报孙权夺荆州之仇，率诸军东征伐吴。本以为这是人生最绚丽的一次军事篇章，却不料成了自己的谢幕表演，晚节不保。是什么原因让刘备东征成了自己的"滑铁卢"？

一位领导者究竟需要具备怎样的条件才算当之无愧的"领袖"？

领导者的角色在于统领全局，组织和领导其他人。他们就像棋局中的执棋者，首先要具有超强的掌控力，能够对全局了然于胸，适应并驾驭局势变化，游刃有余操控全局。

掌控是在自己力所能及的范围内，预测、控制事物的发展，并决定其结果。也就是说，领导者要做自己能够控制的事情，运筹帷幄决胜千里之外，才是值得他人尊崇和信仰的领导人物。

而要做到"掌控一切"，领导者必须思路清晰不乱阵，挂帅切忌耍意气，一旦意气压倒理性，失去掌控力，那么执棋人就会成为别人棋局的一步棋。

看看刘备东征的前车之鉴，我们就能知道，一个不能掌控全局的领导者会失败得多难看。公元219年，孙权端掉了刘备的"荆州"老巢，捕杀了刘备的义兄关羽，孙刘同盟彻底破裂。

这边，刘备在西蜀的集团势力急剧大增，特别是在汉中退败了曹操大军后，综合实力已经足以和孙吴集团并驾齐驱。翅膀硬了，底气足了，"荆州之仇"就如眼中刺一样，无法容忍。

刘备决定向孙权施压，从西蜀的自身利益来看，刘备东征是必需的，也是必然的。可是吴蜀交战，无异于"鹬蚌相争，渔翁得利"，赵云就极力反对。和东吴交战，等于在削弱对抗曹操的实力，让曹操有机可趁。

不过，羽翼日益丰满的刘备却不理会众人的劝说和谏言，执意东征。

其实，战争一开始的主动权是掌握在刘备手中，战役的发展完全和刘备的预想一致，蜀军锐不可当，一鼓作气攻破东吴数道攻防。

孙权连忙派使者前去求和，却遭严词拒绝。刘备最后迫使孙权同意退还荆州，战争打到这个分上，刘备东征的目的已经达到。

可被胜利冲昏头脑的刘备，毫无班师回朝的想法，他想东吴如此不堪一击，那个陆逊也是草包一个，所以东征的胃口越来越大，妄想拿下更多城池。

他大意轻敌，最终惨败在陆逊手下。对于一个政治家而言，最大的痛苦莫过于输在一个自己从不放在眼里的对手之下。刘备前不久还沉浸在汉中大捷的喜悦中，却被一个陆逊改写了华丽东征的结局——惨败。这样的痛楚是刘备郁郁而终的直接病源。

刘备东征是因为西蜀的战略大局吗？显然不是，他是因为孙权夺荆州，杀关羽，才不顾一切要讨伐东吴。细说来，东征缺乏周密部署，"复仇"味道很重。

《孙子兵法》有言："主不可因怒而兴兵，将不可因愠而致战。"

刘备是带着意气去攻打东吴，所以，很容易在接连取胜后，大意失策，利欲攻心而扰乱思路，失掉对整体的绝对掌控。

对现实中的领导者来说，虽然不用带兵打仗，但日常的决策和行动部署都需要领导者的宏观掌控，不可因为愤怒和意气而草率行事。虽然很多时候，有很多意外都难以预料定乾坤，但领导者必须对每个命令、每个指示，做出成熟的思虑，有思虑方有掌控。

掌控力是领导者的必备条件，更是至关重要的能力。回顾历史，反观自身，作为一个领导者，你的掌控能力又是如何呢？

我们一起来了解一下，如何修炼出领导者的非凡掌控力。

1. 镇静

古人提倡"盛怒之下不主事，狂喜之下不许诺"，因为人在情绪激动的时刻，思维模式已经不在正常的逻辑之内，思考问题容易走偏，思路不清晰，感情不理智，对所做出的言行就没有掌控的能力。

如果不是因为盛怒和意气的鼓动，刘备的东征应该会成为一段可歌可泣的历史，我们这位一向冷静的主公也在冲动和欲望的浮躁中失去理智，让陆逊等到了反击的绝好机会。

领导者要汲取教训，遇到重大事情，首先要稳住情绪，以镇静的心态面对现实。慌乱只会看到事物的表面，镇静中才能看清事物的本质和要领。心态镇静，一切都显得自如。

2. 凡事先预后立

"掌控力"一词，看似简单，却要求领导者既要面对现实，又要关注未来，既重视眼前利益，又不可偏颇长远利益，未雨先绸缪，而后能防患于未然。

如果刘备在东征之前，可以让自己"先预而后立"，对可能遭遇的困难和问题做好应对措施，就不会因为大意而全盘皆输。点兵打仗最忌讳只着眼于既得的利益，而失去全局目标。刘备在迫使孙权退还荆州以后，对进一步攻打东吴毫无宏观策略，只是凭借眼前所见的事实，就想要全面围攻东吴，但却不预而立,这一步棋走得太草率,所以输得很悲壮。就算一开始赢得轰轰烈烈,却在中途失去掌控力,毁掉前面的一切成就。

掌控力的作用不仅在开始阶段,而是从始至终的全局把握。事前、事中、事后都要有完整的计划和思路,面对四面八方的议论依然处变不惊,进退有方。

3. 危机中的思考能力

但凡出色的领导者都有这一优秀品质,就是在任何时刻、任何环境都能用理智驾驭情感,不失常态。正如苏洵在《心术》中说的:"为将之道,当先治心,泰山崩于前而色不变,麋鹿兴于左而目不瞬。然后可以制利害,可以待敌。"

做领导的应该先修炼心性,泰山在眼前崩塌也面不改色,麋鹿在眼前奔跑也不眨眼,然后才能掌控大局,从容应对敌人。

领导者好比舵手驾船行驶于大海,任何惊慌失措只能让失败的厄运附身。危急时刻,领导者也不能失去正常的思考能力。只有思考,才能知道该如何进退、如何改变策略,如何补救,如何不失大局地解决危机。

4. 战略思维,高屋建瓴

人在迈出左脚的时候,不用思考也知道下一步该迈右脚,但是,走了一段路后,心里是否还那么清晰呢?起码刘备东征的结局就告诉我们,走了一段路,下一步该是左脚还是右脚会有诸多变数。

棋坛高手和一般人的差别往往就在于前者的战略思维,高瞻远瞩,可以走一步算十步。

卓越的领导者和普通人也有这样的差别。

一个掌控大局的领导者具有深刻敏锐的洞察力、深谋远虑的决断力,以及统筹全局的领导力。所以他们站得比普通人高,看得远,想得全,如此可以不因为胜利而昏头,不因为挫败而破釜沉舟,做到整体出发,系统安排,顺应形势，抓住机遇。

自古成者为王败者寇，要成王还是败寇，全都看你是否有掌控一切的本事，谁掌控得多，谁赢的胜算就多一成。通常失控就等于失败。

作为一个领导要善于谋大事、抓大事，任何时候都要铭记全局的重要意义。行动是为争取更好的利益，而不是奔着一己私利而放弃对关键因素的控制。在风云多变、高速发展的时代，领导者的大局意识直接关系整体的治乱兴衰。

领导者是屹立在团队中的旗帜标杆，领导者不能乱，领导者一乱，胸中大局就顷刻坍塌。所以，一个具有团队责任感的领导应该随时随地都明白自己该做什么、懂什么、想什么，让事态发展处于自己的可控范围内，任凭风雨来，也能稳坐钓鱼台。一个只见树木不见森林的领导者，会因为眼前得失而失去对全局的主动权，历史虽已久远，教训却历历在目。

曹操中计杀错人：一棋行错败局定，主帅知错不认错

"功首罪魁非两人，遗臭流放本一身"的曹操，求贤若渴却又忌才七分，为了实现自己的宏图大志，宁可负天下人，也不允许有人对他有二心。抱负大，心眼小，所以才屡次枉杀身边的有识之才。赤壁之战本应志在必得，可是却因错杀蔡瑁和张允，让本就不习水性的曹军落败如山倒，难道曹操真的不知道自己走错棋了吗？

以曹操的聪明才学，不会明知是陷阱还不知死活地正中他人下怀，但

他会明知上当也不动声色。了解他的人都说:"丞相知错、改错,却绝不会认错。"

这也是当下某些领导者的通病。位高权重的领导们有着神圣不可侵犯的自尊和颜面,领导做久了,就习惯把自己当成坐镇集团的指挥家,别人的一切行动都是在执行自己意愿,所以领导怎么会错,错的都是下属。

当年曹操错杀蔡瑁和张允的官方回应是:二人怠慢军法。真的是这样吗?我们来看看历史的真相吧。三国初期,孙权刚刚落定江东,而刘备还没有夺取益州之时,曹操就瞄准时机,想乘人之危,在孙、刘势力还不成气候时,一举歼灭他们。

于是,曹操亲率百万大军,直奔东吴,一路攻下襄阳、江陵。

大敌当前,唇亡齿寒,于是孙权和刘备结成同盟,共同抗曹。但双方的力量依然悬殊很大,只是由于曹军来自北方,不擅长水战,将士们又水土不服,所以双方一直僵持不下。

曹操心知这场战役必须训练出善于水战的将士。此时,蔡瑁和张允出现在曹操面前。二人深懂水性,被曹操任命训练北方战士练习水上作战,初见成效。

在蔡瑁和张允的训练下,曹军在水中排阵,井井有条,这一切都被东吴主帅周瑜看在眼里,心中大惊:一定要除掉蔡瑁和张允两个心腹之患。

于是,周瑜借蒋干过江前来当说客的机会,一个反间计酝酿成熟。他自导自演了一出戏,让蒋干误信蔡瑁和张允是潜伏在曹营的奸细,要与周瑜里应外合击败曹操。蒋干连夜赶回曹营,将此事告知曹操。曹操顿时火冒三丈,一怒之下杀了蔡瑁和张允。待到曹操冷静下来,才幡然醒悟:不好,中计了。但他明知杀错人,却不肯立即认错,告诉众将,二人是怠慢军法,所以处斩。

蔡瑁、张允二人就这样含冤谢幕,不明不白地丢了脑袋。曹军八十万大军驻守赤壁前线,大战在即,不擅水战的曹操却误杀了将派上大用处的水军将领，这一失策直接导致赤壁之战全面溃败。一棋行错败局定，其实，在两人杀头前，曹操就已经知道自己杀错两人，可是他却没有喊出"刀下留人"，名义上是为了稳定军心，其实谁都清楚，曹操是知错不认错。

看起来，错杀蔡瑁和张允只不过是他"宁可我负天下人，不可天下人负我"的一贯作风，但促成一个错误，就要承担一个后果。做领导的不计后果地隐瞒错误，下面的人又怎会没有争议呢？众口铄金，敢做不敢当的领导是难以服众的。

小孩子做错事，尚能知错认错，记住教训，但到很多高层领导那里，"知错不认"却成了一种流行的"领导艺术"，做错了事，不仅不主动承认，还东拉西扯地模糊焦点，转移别人的目光。

领导知错不认错，"闻过则怒"，表面上是为了顾及"形象"、维护"面子"，究其根本，是源于"领导者永远不会错"的扭曲思想。领导者认了错，那好不容易树立起的光辉形象、那毫无瑕疵的领导口碑，就全都成了烟花燃尽后的青烟、化为乌有。

领导坦诚一个错误真的会身败名裂吗？

事实好像刚刚相反，在现实中德高望重的领导往往都有一个值得钦佩的品质——敢于认错，而且大大方方地在下级面前做出反思，以己为戒。

自己的领导如此放得下身份，抛得开尊严，做下级的还有什么理由不尊敬呢！事实也证明，知错认错不仅是对自己的工作负责，更是为集体，为追随自己的下属树立其模范和榜样，只是一个行为却意义深远。

1. 坦诚认错，争取"最小损失"

领导做错事，造成的影响不会比下级小。如果在错误发生的最短时间内，大伙意识到错误的存在，及时阻止错误继续蔓延扩散，将可以弥补。

如果曹操在错杀了蔡、张二人后，能像个"大丈夫"一样，将中计的实情告知给众将，让大家集思广益，迅速想出对策，也不至于坐以待毙，被人烧得一败涂地。

弥补损失的最佳时机，就是在错误发生的那一刻。错误不是隐瞒就会消失，后果不是你不说，就不用负责。与其一个人遮遮掩掩，不如让错误明朗化，众人的智慧怎样都会比一个人强。

2. 凝聚团队，修复"内伤"

领导本身就是团队的核心人物，倘若错误来自核心层，那么必然会伤及表层。领导犯了错，下面就一定会有意见、有抱怨，虽然敢怒不敢言，但绝对会影响领导的公信力。这个时候，领导的道歉和反省会比任何方法都要能凝聚人心，同时也能给下属一个警醒，查找自身漏洞，修复内伤。

也许是曹操的鸿鹄之志让他太相信自己，太相信自己的领导力，所以不会怀疑，也不会假想自己的错误会对团队内部有何影响。

3. *不轻易把弱点暴露给对手*

在对手眼里，对方的领导犯错，就是那个团队最容易被攻击的时刻，因为领导的失策，会极大地动摇人心，人心不稳，可趁之机就多。

当曹操错杀蔡、张二人，下面的人已经疑惑重重，可是曹操却拿出一个谁都不信的理由掩盖自己的错误，还在为曹操效命的人都会为自己现在的处境深感堪忧。

这不是让对手来惩罚自己的错误吗？这样的领导等于在给自己拆台，露出屁股让对方打板子。赤壁一战，曹操就被打得很疼。所以，即使是自己犯了大错，也不能让下面的人迷迷糊糊。问题发生了，就要给整个团队打上预防针，不要让对手先找到弱点，趁机使坏。

作为领导，"不贵于无过，而贵于能改过"，承认一个错误，已经改正了一半的错误。连错误都不敢承认的领导，他的责任感和担当力，就值得我们考证了。知错而不认错，也许可以保住领导者的颜面，却已经为以后的人生埋下败笔。

有个词叫"前因后果","前因"已经错了,"后果"只会一错再错。何必要因为一个错误,就把自己置于"功败垂成"的遗憾中呢!

枭雄自有枭雄的宏图伟略,可是再有霸气的领导者,也不能有作为没担当。优秀的领导者先要领导人心,后才能领导行动。人心从何而来,就是从领导的人格魅力而来。领导者的人格魅力之一就是知错认错,为了警醒团队,不惜以自己为反面教材。

连环计中信错人:锦囊妙计多陷阱,相信对手白吃亏

古人用计,向来不会一计孤行,必会策划多重计谋以作应变辅助之用,可谓计计生智,步步惊心。就连老谋深算的曹操也一招不慎,中了周瑜的连环诡计。赤壁大战时,周瑜就巧用反间计,让曹操错杀熟悉水战的蔡瑁、张允,又让庞统假意向曹操献上锁船之计,最后让黄盖诈降,趁机以火攻船。最最要命的是,曹操真的相信庞统和黄盖所献之计,真可谓"引狼入室",输得令人捶胸顿足。

如果说轻信于人是做领导者的一个弱点,那么轻信对手的话就是最致命的弱点。

对手是曾经抢一个饭碗、争同一处利益的竞争者。如果他们突然态度180度转变,想做你的朋友,关心起你的利益,那么做领导的就不得不多留一个心眼,小心提防着。"由敌变友",不是一个轻易缔造的童话。

曹操一生风光无限,也栽在了错信对手的轻率上。对庞统和黄盖,或许

真的是"不拘一格将人才"的用人思想所致，让他对从对手阵营跑来的人，都张开怀抱，言听计从。不料，这正是一个巨大的阴谋。

聪明一世的曹操也有这样糊涂一时的时候啊！到底是什么样的连环计谋让曹操也大意失算了呢？周瑜使用反间计，让曹操误杀了蔡瑁、张允二人，此后曹军的战船上再也没有得力的指挥。东吴老将黄盖见曹操的水寨船一艘挨着一艘，于是建议周瑜用火攻烧船。

黄盖主动提出，要用"苦肉计"前去诈降，接近曹操的船只，趁机点火烧船，与周瑜一拍即合。黄盖故意与众将在营中议事之时，当众顶撞周瑜，骂他不识时务，极力主张投曹。周瑜怒不可遏，下令斩首黄盖，多亏众将求情，免去死罪，打了一百军棍，打得黄盖皮开肉绽。

"苦肉计"正式开始，黄盖私下派人送信给曹操，强烈表达自己的降曹之心。曹操见信，将信将疑，立即派蒋干过江察看实情。

周瑜再见蒋干，借上次蒋干偷信的事怪罪于他，并将他软禁在西山。

其实，周瑜将他软禁在西山，是为了让他与庞统自然相识。周瑜想再次利用这个书呆子的自作聪明，让他为庞统和曹操牵线搭桥，让庞统顺利入曹营，向曹操献上锁船之计，确保周瑜的火攻之计万无一失。

蒋干果然没让周瑜失望，他见庞统隐居山林，习读兵书，知道这个人必有非凡才能，于是劝庞统投奔曹操。曹操得庞统自然心中大喜，言谈之中，对庞统的才学相当佩服，所以当庞统向曹操提议，曹军船多兵众，不愁不胜，若是将船连在一起，平稳如平地，更利于曹军水上作战。曹操毫不怀疑地采纳了。

锁船之计已经成功，这一边黄盖的诈降正在准备。

黄盖在快舰上载满油、柴、硫、硝等引火材料，遮盖严实后，按照与曹操事前联系好的信号，插上青牙旗，飞速渡江。

这日正是周瑜选地吹东南风的好日子。曹营见到黄盖的投降船，并不阻拦。当黄盖的船只接近曹操的水寨船后，立刻引火，直冲曹营。风助火势，火乘风威，曹营的水寨船一个连着一个，一并着火，火势猛烈。

而更令人出其不意的是，周瑜也驾快船驶向曹营，杀得曹军横尸遍地，溃不成军。曹操仓皇逃出，才捡回一条命。面对对手的话，表面看似多么在理、多么有远见，都不要轻做定断，把对手给你的"锦囊妙计"仔细琢磨一番，或许这不是一条妙计，而是把你引上绝路。对手的话，不可不信，但绝不可全信。

领导者应该明白，每一次我们把对手看得过于简单，最后取得教训的一定是自己这方。信任需要尺度，起码的底线是要保得住自己该有的利益，而不是因为信任而陷自己于危险境地。

曹操对黄盖和庞统的信任就明显欠缺思量。或许曹操真的觉得是自己的求贤若渴声名远扬，才让在对手阵营怀才不遇的人都归顺旗下；或许是曹操当时真的很需要懂水战的人协助，所以，卸载了防范心理，轻信了不该相信的话。

不管这一切错误的起因是什么，做领导的都要"读史明智"，对竞争对手透露的锦囊妙计，一定要睁大眼睛，心如明镜，三思而后行。

真心的建议，还是伪装的谎言，领导者要做好以下把关。

1. 警惕对手提供的善意之词

为了帮助"己方"赢得利益，很可能是对手"有备而来"的计谋，设下圈套让你钻。庞统在得到曹操欣赏后，所表现出对曹军水战的殷切关怀，其实就是在给曹操下套。而曹操得才心喜，被对方释放的假信息迷惑，结果相信对手白吃亏，中计后也只能哑巴吃黄连。

有竞争的地方就有尔虞我诈，所以，来自对手的信息都要提高警惕，多留心眼。对手的善意背后常常是有预谋的陷阱。

2."一面之词"多考证

黄盖和庞统的投曹给出的理由都是与周瑜不和。而曹操只是做了简单的暗访，就轻信了两人的一面之词。如果曹操多花时间，多做考证，就会想明白这些问题："为了什么投靠我？他们和周瑜有什么不可调和的矛盾？周瑜是怎样的人？三人之间有什么故事？"

领导者切不可凭直觉做事，直觉往往会被假象左右。但凡从对手口中出来，涉及自身利害关系的建议和计策，无论看起来对自己多么有利，都不要囫囵吞枣全盘接受，你只能听着，信一半，想一半。

3.背后调查要谨慎

有句俗话叫"天上不可能掉馅饼"，越容易相信的信息可能越不真实，对这样的信息，领导者要保持客观、冷静的心态，不急不躁，深思熟虑，不要急于下结论表态，而是要对这背后的真实性认真地调查清楚。

调查信息是否符合逻辑，是否具有可操作性，是不是对方摆出的迷魂阵，对方的目的是什么；用沉着的眼光仔细分析，时刻提高警惕，掌握主动权。

"小心驶得万年船，大意失掉半壁山"，纵使他曹操再兵众势强，又能经得住几次"连环计"的折腾呢？团队很强大，领导者更要胸有城府，别人的话，尤其是对手的话，只能是参考，最终的决策应该是领导者深思熟虑的思想成果。

我们不能严密防控对手的乘虚而入，但我们可以让自己提高防范，不轻信，不盲信，不管时局怎么变动，都要抓紧"大局"这根弦，只要领导者能够稳定大局，对手也无懈可击。

对手的话不可轻信，否则就是自掘坟墓，曹操赤壁之战的惨败就是例证。"兵者，诡道也"。在你死我活的战场上，兵家无所不用其极。而如今的领导者，没有了"沙场点兵"的危险，但思维上的漏洞比带兵打仗更容易致命。领导者心思缜密，对手的"潜伏"把戏就难以搅乱军心。

法则四：凝聚力量，号召群起而战

事业的闯荡永远也离不开团队的凝聚力，所谓英雄不但要在战场上一展英姿，还要在众位随从面前拥有十足的人格魅力。真正的智者，永远都是团队的灵魂，会在为人处世、应战策略等各个方面成为众人心中的楷模。这个世界每个人都没有必要用自己的命去为谁卖命，除非你真的让这个人觉得值得，觉得心甘情愿。

孙权承父兄事业：保持谦卑王者心，敬老尊贤大业成

自视清高的曹操一生所称赞的人并不多，却赞过刘备。刘备入蜀以后，果然干出一番事业。而对孙权这个"政治家二代"他却并没高看。但当时年仅27岁的孙权，却在赤壁之战中大败曹操，奠定自己的霸主地位。这才让曹操大吃一惊，有了"生子当如孙仲谋"的感叹。孙权到底有何能耐，竟让枭雄曹操给出如此高的评价？

答案是一颗谦卑的王者之心。谦卑是一种令人敬仰的道德之美；对于领导者来说，谦卑更是一种力量。有幸，孙权掌握了这种力量，所以有了鲁肃、周瑜、张昭、程普等人的倾力辅助。

孙权从父兄手中接过的不仅是稳固江东的使命，还有一种为人君者的态度，那就是尊老敬贤、举贤任能、各尽其心。父兄孙策临死前叮嘱孙权的话是："内事不决问张昭，外事不决问周瑜。"

再高明的领导，如果没有得力的助手，一样有计难施。虽然领导者的形象往往需要人们去仰望，然而谦卑的领导也常常身居高位，但却永远把自己放得很低，脚踏实地，把自己成功的星光照耀在团队中的每一位成员身上。

现在，我们把目光聚焦在青年领导者孙权身上，解开他成就霸业的领导之路。公元200年，孙策遇刺身亡。孙权临危受命，即位为讨逆将军，正式成为江东地区的政治首领。

孙权继承父兄事业时，江东之地初步安定，正处于"深险之地"。只有张昭、周瑜、程普、吕范等人一心一意辅助他，孙权又招募名士鲁肃和诸葛瑾协同治理江东。

公元208年7月，孙权与刘备结为同盟，在赤壁之战打败曹军。经此一战，孙权彻底稳固了江东之地，还趁机扩大地盘。而这次大获全胜，周瑜和鲁肃是头号功臣。

曹操当时号称80万大军南下，而孙权和刘备的兵马加起来不到十万。曹操写信恐吓孙权，要与之决战。东吴上下"莫不大惊失色"，大多主张降曹。而鲁肃却主张抗曹，执意劝诫孙权等周瑜回来，一同商议。

周瑜从番阳出差回来，也力主抗曹，并向孙权保证，只要数万精兵便可打败曹操。孙权拍着周瑜的背说："其他人都只顾自己的妻儿，只有你和鲁肃才与我同心。"

就这样，他们定下了联合刘备对抗曹操的大计，掀开了赤壁之战惊心动魄的一幕。

孙权待周瑜如兄长，委以重任。孙策死后，周瑜成为首席助理，可惜赤壁之战不久，就病死于巴丘。孙权悲恸不已，亲自把他葬在芜湖。

周瑜死后，鲁肃接手周瑜的职位。赤壁之战后，孙权为了巩固与刘备的同盟，将妹妹孙尚香嫁给刘备，又依照鲁肃之计把荆州借给刘备。后刘备占据荆州不还，鲁肃便单刀赴会，为孙权讨回三郡。

在孙权的得力助手中，有一人是孙权亲自选拔和培养的，这人就是吕蒙。吕蒙也曾是孙策的部下。孙权在检阅部队时，发现吕蒙的部队"军容严整，士卒练习"，于是对吕蒙宠爱有加，并劝说他加强学习，以提高领导修养。鲁肃死后，吕蒙代替他把守陆口。

公元219年，关羽攻打樊城，孙权任命吕蒙取下荆州。吕蒙不负众望，用"白衣之计"夺下荆州，又在临沮擒获关羽。

关羽之死，惹怒刘备。刘备率大军东征，吕蒙向孙权举荐陆逊，迎战刘备。陆逊以"火烧连营"之计击退刘备。

公元222年，孙权自封为吴王，定都武昌。从周瑜到鲁肃，再到吕蒙和陆逊，为什么在关键时刻，孙权总有最合适的人才可以起用？孙权是一个用人高手，这是肯定的，不过，令各位贤能之人最看重的是孙权谦卑的领导特质。

在下属眼中，跟对领导等于成功一半。而谦卑的领导者能够用其所长，充分地发挥出下属的价值，让他们心甘情愿为领导者的目标而奋斗，因为这也是在成就自己。

孙权尊老敬贤，对父兄的孙策那一辈的有功之臣，敬重有加，委以重任。周瑜是如此，吕蒙也是如此，所以周瑜推荐了鲁肃，吕蒙推荐了陆逊，这些人都为东吴的建立起到推波助澜的作用。于是，谦卑的力量便显现出来。

谦卑到底能带来什么力量？领导者是否意识到这个问题呢？我们不妨一起来总结一下。

1. 领导礼贤下士，人才趋之若鹜

想知道一个人是什么样子，就去看看他的朋友圈；想要了解一个领导是什么样，就去观察他有什么样的下属。尊敬下属的领导，身边一定人才济济，并且在一个社交圈内都深有影响。

孙权少年得志，年少有为，本身就是一个政治奇才。当他贵为江东的统治者后，却依然没有傲气，对待周瑜犹如兄长，对鲁肃亦师亦友，对吕蒙关怀细致，连没有名气的陆逊也诚恳相交。有着一颗谦卑敬重人才的心，不用任何政治手腕，孙权就可以让人才趋之如鹜。

人才就是动力，人才就是希望，领导者只要放下高高在上的姿态，亲近下属，贴近基层，那么人才和希望就全都会有。

2. 知人善任，贤能豪杰乐为所用

为什么人才愿意为谦卑的领导者所用，答案很简单，因为领导者越谦逊，他们对人才就越重视，他们知道如何让人才适得其所，在合适的岗位做合适的工作。领导知人善任，因而贤能之士得以发光发热。

谦卑，让领导者在管理中学会信任下属，对可用之才不会心生忌妒，而是放手让他们一展才华，比如周瑜，比如鲁肃；对于有潜能的下属，优秀的领导通常会予以特别的关怀和栽培，比如吕蒙。

孙权把人才放在一个平台、一种挑战上，让他们各显本领，而这正是贤能豪杰所需要的，所以，东吴政权的建立并不是神话，而是必然。

3. 谦卑让领导出类拔萃

所谓谦卑的出类拔萃，是指在追求目标的过程中，要全力以赴地做到最好，但同时在心态和人性领域，要有一颗谦卑之心。

我们发现在人性上孤傲偏执的领导者很容易受到非议和阻碍；而谦卑为上、平易近人的领导者，下属会加倍地尊敬和爱戴，因而他们会得到持续不断地支持和协助，他们的领导之路会变得坦荡通达。

孙权正是属于后者，在熟悉三国演义这段历史的人心中，孙权是出类拔萃的一个，无论是军事造诣，还是领导智慧都有不可替代的地位。

好的领导者不是时刻提示下属"我不是你，你要为我感到骄傲"，而是永远和他的团队成员共同进退。他们不会忘记自己的地位从何而来，知道自己应该做什么、不该做什么。

显然，孙权知道自己要做什么。江东地区亟待稳固，大敌当前，自己急需可用之才。不管从哪一方面去想，自己都没有骄傲自大的理由和空间，只有把自己放低，才能把人才抬高，才有机会完成父辈们的夙愿，建立东吴政权。

因为谦卑，所以生仁智，生雄略，生明慧。这是好的领导者走向伟大领导者的唯一通途，没有谦卑，很难跨越这道界限。领导者的最高境界，无论身居何职，都把自己当作普通下属，并为下属打开最合适的发展空间，成人成己。

孔明何欲杀魏延：明示不待奸臣客，誓把忠诚当信仰

孔明一生待人都礼敬三分，但偏偏一见魏延就杀心四起。只因魏延杀韩玄而投刘备，在"忠诚不事二主"的孔明眼中，此人乃"不忠不义"之人。留下一个没有"忠诚"意识的下属，等于放了一个不安因子在身边，随时有被背叛的可能。忠诚与能力本不构成矛盾，但当为了能力而抛弃忠诚，那么"能力"就失去了它的正义光辉。

在老板眼里，有一种东西比工作能力更重要，就是忠诚度。在能力和忠诚面前，老板永远选择后者。忠诚，不仅是你的工作态度，也是你的职业生存方式。无数古今史事表明，重用不忠诚的下属，无异于养虎遗患。试想，这样的下属，哪个领导不想早点三振出局呢？

孔明杀魏延并不是因为忌妒或故意针对，而是魏延为了投靠刘备，而义无反顾地背叛了前主。魏延放弃了自己的职业态度，也触及了孔明对"忠诚"的信仰。有过背叛前科的人，谁能保证他不会背叛第二次呢？

"忠诚胜于能力",这也是现代社会的领导者用人标准。也许你的才华超群、你的智谋过人,但如果你没有让领导感到忠诚,很可能会怀才不遇。正如孔明对魏延那样:明示不待奸臣贼。魏延原为长沙太守韩玄的手下,但韩玄生性暴戾,草菅人命,被百姓憎恶。魏延在韩玄手下也不得重用,一直委曲求全地埋没才华。

时值关云长直取长沙之际,同为韩玄手下的黄忠,因为抵抗关云长不利,被韩玄喝令推到城门外斩首。魏延趁机救下黄忠,教百姓同杀韩玄,任凭黄忠阻拦,魏延还是直奔城头,将韩玄一斩为二,提上人头,引百姓出城,投拜了关云长。

关云长大喜,即刻入城,召见黄忠,黄忠托病没有相见。云长便派人去请刘备和孔明。

却说,刘备知道关羽拿下长沙,遂立刻与孔明赶去长沙。刘备得知又降获黄忠、魏延两员大将,喜出望外。刘备亲自去黄忠家慰问邀请,黄忠才归顺刘备。黄忠还请求将韩玄的首级葬在长沙的东面,以敬忠心。

待到关云长向刘备引荐魏延时,孔明满脸愠色,下令斩了魏延。刘备煞是惊讶,魏延是有功之人,为何要杀了他。

孔明回答:"魏延拿着主子的俸禄却杀了主子,是不忠;住在这块土地上,却轻易把它献给别人,是不义。我看他的后脑长着反骨,现在不杀以后就是祸患。"

但在刘备三番求情下,魏延暂且保住小命。但在西蜀的阵营里,因为孔明的压制,魏延的命运并不乐观。同样是向刘备投降,黄忠的待遇明显好过魏延,不仅为刘备亲自邀请,而且也没有引起孔明的反感和杀机。因为黄忠虽为降臣,却是并没有放弃对上一任领导的忠臣。将韩玄埋葬在长沙,这一点就足以证明,他是个忠诚的下属,值得招揽。

魏延虽说是这次的大功臣,但他却是用前主的首级来换取自己的未来。

在那个"君君臣臣"上下级尊卑明显的时代,魏延这样以下犯上,已经触犯了很多"忠君"人士的原则,孔明就是最明显的一个。

没有忠诚之心,你的领导恐怕连最起码的信任都不能给你。

忠诚究竟意味着什么?

1. 忠诚是下属的个人"名片"

作为领导,在任何团队里,当你希望得到老板的赏识,得到更多展现自我的机会,首要的法则就是,你必须忠诚于他,取得他足够高的信任。没有谁会把重要的事情交给一个不信任的人去做。

无论你为谁效力,只要你还有上司,你都要首先向他证明你的忠诚。在"易主"这件事上,黄忠对韩玄尽到了下属该有的忠诚,而魏延对前主的残忍无情,则硬生生地撕掉了自己的忠诚名片,难怪孔明要如此针对他了。

忠诚并不是单单指对某个人的忠心,而是一种负责的职业精神,孔明看出魏延没有这份责任感,那还能担任什么重托呢,于是对他起了杀心,与其养虎遗患,不如早点了断。

2. 忠诚是与生俱来的义务和美德

忠诚是下属的一种美德,也是为人臣子的一种义务。老板需要手下有一批忠诚的下属。因为忠诚,下属对工作才能尽心尽责,全力以赴;因为忠诚,下属才会像领导一样为团队着想,急领导之所急,勇于承担责任。

孔明对刘备的忠诚真可谓"鞠躬尽瘁,死而后已",所以,在他的信仰里,不忠诚比没能力更无法容忍,魏延恰恰又冲犯了这一点。弃暗投明本身没有错,但是为了投降而对前主赶尽杀绝,这就叫人心生顾忌了。

一个连自己的义务都难以保证的下属,就算跟着一个英明的领导,也不会真正得到重用。

3. 忠诚是一种能力和自信

忠诚也是一种能力,而且越是自信的下属,他对忠诚的理解会更深刻。

忠诚是其他一切能力的统帅与核心。缺乏忠诚，一切才华都没有用武之地。任何上司都不容许和原谅下属的不忠。如果为了一己私利而牺牲大局，终究会被上司踢出门。

永远不要相信忠厚诚实就是软弱无能，工于心计则可百般钻营、风光无限。事实上，什么样的下属值得信任和提拔，领导眼中自然有一本账。没有能力做到忠诚，领导也会对他的其他表现大打折扣。就拿魏延来说，他确实对取下长沙功不可没，可是这依然改变不了他叛变的事实，那么，孔明对他的小心提防就变得理所应当。

在当下这样一个竞争激烈的时代，追求个人利益、实现个人价值是天经地义的事。但遗憾的是，很多做领导的没有意识到，实现自我与忠诚和敬业并不冲突，而是相互促进、相辅相成。

不管魏延是不是真的长有反骨，也暂不议孔明杀魏延是不是过于极端，但"忠诚"二字，任何时候都值得坚守。这个世界上，并不缺少有能力的人，而有能力又忠于职责的人才，才是每个老板眼中的理想人才。

领导者是下属的领导，可在上司面前，领导者依然是下属，是臣子，所以，忠诚也是领导者为人处世的第一原则。具有忠诚意识，领导就会心无杂念，真正从大局出发，竭尽所能地为团队做些什么，改变些什么，以忠诚换信任，以信任博前程。

孔明博望坡显才：彰显自我震群臣，统领团队先服众

"新官上任三把火"，其实说的是诸葛亮出山做刘备军师时，连续三次使

用火攻，重挫曹军，诸葛亮以其"运筹帷幄，决胜于千里之外"的神机妙算，彰显出非同寻常的本领，迅速在蜀军中建立难以撼动的声望和地位。"火烧博望坡"就是其中的一把火，烧退了夏侯惇，也给自己统领三军，燃起了至高无上的权威。

新官上任，如何让新东家、新同事信任你，认可你，成为工作挑战的第一关。一个新的领导者要想得到这种认可和信任，不是吹吹牛、侃侃大山就能做到，而是要有真本事，实打实地干一场，证明自己的实战能力才可以。

军师孔明初到蜀军，他的能力自然备受猜疑。所以，孔明知道自己必须找机会一显身手，这样才能真正成为三军的军事领导，所以，当刘备因夏侯惇带兵进攻新野的时候，他知道是时候证明自己了。所以，他用一把熊熊大火，打开了自己问鼎蜀军最高军事指挥权的大门。

那么，博望坡这把火是如何烧起来的呢？建安十三年，刘备因在汝南失利，借机投靠刘表，现暂居在新野的弹丸之地，大力招兵买马，囤积粮草，以图荆州之地。而此时，刘备又以"三顾茅庐"的求贤之心，感动了诸葛亮出山辅助他完成霸业，刘备可谓如鱼得水，如虎添翼。

孔明来到新野之后，一边仔细观察新野的地势地形，一边操练士兵演练阵法。刘备待孔明以师长之礼，敬重万分。关羽和张飞对刘备的偏爱心有不服，常常埋怨刘备对孔明的礼数太过。

听说曹操派夏侯惇引兵十万，杀进新野，刘备问孔明此次胜算有几分。

孔明说："你有多少胆量，我就有多少胜算。"此话让刘备信心倍增，于是立即登台拜师，赐孔明宝剑，令其号令三军，凡事不听令者，斩。

孔明通晓战术，知道兵少该怎样打，所以，他到新野就去观察地形，发现博望坡这个地方很适合用火攻。古时，用火攻是兵少的最佳打法。

孔明下令，让关羽和张飞率领主力部队截断夏侯惇的后路；令赵云和刘备领一支部队引诱夏侯惇的军队进入博望坡；最后令关平和刘封引兵放火。"火烧博望坡"之计就熊熊烧起来了。

一切都在孔明的掌控之中，所以他本人坐在县城内，准备庆功宴，犒赏三军。等到夏侯惇损兵折将、大败而归、粮草尽失之时，关羽和张飞对孔明佩服得五体投地。诸葛亮虽然对打败夏侯惇有十足把握，但是他没有指挥权，所以他给刘备的回答是："您有多少胆量，我就有多少胜算。"潜台词就是"你给我多大的指挥权，我就能取得多大胜利"。因此，刘备给了他号令三军的权力。

如果没有这一招，孔明怎么能号令关羽、张飞呢？不能号令关羽和张飞，这场仗胜算难料。如果不打胜仗，关羽和张飞怎会服他呢？关羽、张飞还有千千万万的士兵不服，自己的地位又怎能保证呢？

正所谓没有金刚钻，别揽瓷器活。孔明敢接下三军的统领权，就是对自己的实力相当自信，实力是对大众最好的说服。所以，作为领导者，就要做团队里最优秀、最有实力的那个人。

这个道理，千百年前的诸葛亮就已经有深刻认识，且看他如何应对新官上任这一关。

1. 一人带动全盘棋

领导者都明白，管人比管物难度更大。诸葛亮净身上任，却能平地起风云，大展拳脚，得益于他善于观察，掌握了刘备身边旧部下的性格和能力，以便自己在实施计谋之时，可以合理调配这些人马，以能力安排任务。火攻博望坡计谋成功，刘备的旧部下都派上用场，跟着风光了一回，因此众将对孔明也由猜疑变成佩服和敬畏。

这就是孔明的策略：一人带动满盘棋。既显现高明的智谋，又让自己运筹帷幄的军事才能完美呈现。新官上任，不要忙着建立自己的亲信，也不要急着站队，而是要想办法让自己在新的团队、新的环境里，打响第一炮，用实力树威信。

2. 做足准备，胸有成竹

没有做足准备，说话也会心虚三分。准备充分，是孔明对自己的工作和团队管理更本质的理解。当他在点将台点兵时，关羽和张飞就心有不服，不过孔明早就准备好翔实的资料证明自己是对的。这一点，就说明孔明不会打无准备的仗，更不是虚张声势、徒有虚名之人。

孔明火烧博望坡，有坐镇指挥的，有堵截后路的，有诱敌深入的，有放火的，也有犒赏军队的……这些周详考虑让刘备那几个只会冲锋陷阵的将领对孔明刮目相看，对其心服口服。

领导作为团队的"领头羊"，是各项工作和行动的旗帜人物，所以，领导者要比任何人都要做足准备，先谋而后动，有备无患。只有成竹在胸，才能浩气凛然地指挥人马，打一场漂亮的胜仗。

3. 彰显自我震撼群臣

当曹兵杀到新野的消息传到刘备耳朵里，刘备万分焦急，而孔明却从容不迫。上司急，下属却平静如水，这样的反差在现代社会的职场里似乎很少见到。往往是上面一急，下面就跟着躁动不安，往往旧问题没解决，新问题又冒出来。

孔明表面不动声色，暗地里已经展开谋划，应对敌人。他天天勘察地形，夜夜自观天象，就是为了在最关键的时候，底气十足地站出来，给刘备和其他同僚一个震撼之举。

而他需要在人前做的事就是让刘备授权给他。有了授权，他就可以调兵遣将，为后面的工作扫清障碍，进一步保障自己精心谋划的策略大显神威，克敌制胜。

初出茅庐，孔明就在博望坡好好露了一手。历史上对这段故事的评价是"博望相持用火攻，指挥如意笑谈中，直须惊破曹公胆，初出茅庐第一功"。孔明正是通过这一仗，奠定了他在刘备集团中的军事地位。

由此可见，上任领导的第一炮一定要引起整个团队的震动。就算你是慢热型的领导者，也要在一个相对关键的时刻，证明自己，为团队带来重要的贡献。总之，要让所有人感受到你的存在，并重视你的价值，否则，你这个领导只是个空架子而已，迟早会被推倒。

坐稳领导者的那把椅子，就要有稳得住台面的实力，在各个方面都要有勇有谋，并不一定要比所有人强，但在综合实力上，要让团队成员心服口服。在团队遇到危机和困难之际，能够用自己的智慧和行动，力挽狂澜，鼓舞士气，带活一个团队。你可以厚积薄发，但一定要一鸣惊人。

周瑜杖打黄公覆：上下若是能一心，其利势必可断金

倘若团队能够拥有共同的目标，那么管理者与团队成员就会上下一心，为着这个理想而奋斗，即便是要求个人有所牺牲，也在所不惜。周瑜与黄盖在共同目标的驱使下，便导演了一场"苦肉计"，黄盖受杖责之苦，背叛将之名，假投曹操，放了赤壁的第一把火，使得周瑜的大计得以顺利实施。

汤普林定理是 J. 汤普林在指挥英国皇军女子空军时说过的一段话："通过统一一种力量，使这种力量产生叠加升级，从而统一各个分散的力量，就犹如磁石一样给别人一种凝聚的目标。要确定整体目标，须明共同利益；组织目标愈能反映个人需求，个人需求愈能促进组织目标。"

对于企业文化建设而言也是如此。共同愿景的建立是在自我超越的基础上发展起来的，这个基础包括了个人愿景，同时包括忠于真相和创造性张力。

共同愿景这一概念是由彼德·圣吉在他所著的《第五项修炼》一书中率先提出的，也是其中的修炼之一，作为管理企业和组织的先进方法和手段，得到了大家的认可和赞同，被誉为"21世纪管理的圣经"。共同愿景的含义是指大家共同愿望的景象，也是组织中人们所共同持有的意象或景象。它的建立能发出一股较强的感召力，创造出众人一体的感觉，同时遍布组织的全面活动，而使各种不同的活动融合到一起。这样的景象无疑是任何组织单位追求和期望的，此种工作氛围可展现每个成员的个人才华，形成强大的合力。

坊间流传着一句俗语："周瑜打黄盖，一个愿打，一个愿挨。"周瑜为什么愿打，因为他要手责重将，迷惑曹操；黄盖为什么愿挨，他和周瑜一样，也是希望曹操能够上当，索性不惜受皮肉之苦，背投敌之名。说到底，他二人都是为了"击败曹操，保住东吴"这一共同愿景。孔明草船借箭后，又与周郎不谋而合，决定以火攻对付曹操。恰好就在此时，已经降曹的荆州刘表旧将蔡和、蔡中兄弟受曹操派遣，来东吴诈降。周瑜索性将计就计，留二人于东吴款待。

某夜，周瑜正在大帐思忖方案，老将黄盖偷偷潜入帐中来见，也提出了火攻之策。周瑜见老将军有此谋略，欣慰不已，当下告诉黄盖："我与孔明也正有此意，且准备借蔡和兄弟诈降之机，将计就计，透假消息给曹操，对曹操以其人之道还治其人之身，反施诈降计，只是需有人受些皮肉之苦，迷惑曹操，才更有把握成功，这人又着实不好找。"黄盖闻言，当即表示："大家都是为了击败曹操、保江南安宁这同一个目标，我黄盖受孙氏三代君侯重用，敢不肝脑涂地？为了大家的事业，我愿先受都督重罚，再向曹操诈降。"

翌日，周瑜召集众武将于中军大帐之中，下令诸将各领取三个月的粮草辎重，整装待命，随时准备破曹。这时，黄盖故意倚老卖老，做出看不起周瑜的姿态，抢话道："别说是三个月，你即便给我们三十个月的粮草，又有何用？曹操兵多将广，实力雄厚，如果趁其初到江南，立足未稳，一击即溃，那再好不过。如果月内还不能破曹操，倒不如依了张昭之言，干脆降曹罢了，还能减少伤亡。"周瑜听到黄盖这种长他人志气、灭自己威风的言论以后，故作勃然大怒状，喝令左右将黄盖推出帐外，斩首以定军心。黄盖也不畏惧，声言自己是江东老臣，根本没把周瑜这小儿放在眼里。这越发使得周瑜怒不可遏，急令斩立决。甘宁为黄盖求情，被乱杖打出。众将见状，不忍黄盖就此殒命，一起下跪，苦苦哀求。周瑜这才就坡下驴，将斩立决改为重打一百脊杖。众将仍觉处罚过重，再次求情，周瑜则故不相让，掀翻案桌，喝令速速行军法。狠狠打了50脊杖以后，众官员再次苦苦求免，周瑜这才恨声不绝地退去。

这50军棍打得黄盖也真够惨，他皮肉迸裂，筋骨损伤，一连昏死过几次。众将领前来探望，他只是长吁短叹，埋怨周瑜。当密友阚泽来探之时，他才以诚相告，并请求忠肝义胆的阚泽替他潜入曹营献诈降书。生性多疑、老谋深算的曹操面对突如其来的诈降并不相信，好在阚泽能言善辩，使曹操半信半疑。恰在此时，吴中奸细蔡和兄弟二人遣人密报周瑜杖打黄盖之事，曹操这才相信。

于是，黄盖以诈降之计，做了火烧曹营的先锋，放了赤壁的第一把火，烧得曹操几乎不能生还。要说周瑜、黄盖这二人真可谓煞费苦心，虽未瞒过诸葛亮，但却将包括曹操在内的一干人等全部蒙在了鼓里。或许，周瑜在打黄盖之时，心中也在不断念叨着"打在你身，痛在我心"；而黄盖心中想必在想"打吧！越狠越好！只要能骗过曹操，保住江东，我黄盖受点皮肉之苦又何妨"。这上下级合起心来，真的就把老奸巨猾的曹操引入了计中。这就是共同愿景的作用。

共同愿景就像灯塔一样，始终为团队指明前进的方向，指导着团队的策略、技术、体系，甚至是一些细节问题，堪称是企业的灵魂。"2010年进入世界500强"，这个共同愿景是联想人共同的结晶，有无限的创造力和驱动力，促进了联想企业文化的成熟。

联想前总裁柳传志在说到人力资源管理的时候强调一个重要工作，就是建立一支稳定的、高素质的、对企业目标、企业文化有强烈认同感和归属感的下属队伍。企业文化认同对于维护整体、保持战斗力具有重要作用。因此，公司采取几种行之有效的措施来保证下属对企业文化的认同，在下属中形成共同愿景，增强企业的凝聚力。首先，新下属进入联想之后都要接受"模式培训"，深入了解联想的历史、现状，接受企业文化的熏陶。其次，联想人善于通过开会来统一思想，贯彻企业文化和经营理念、决策准则。通过这些朴素而行之有效的措施，联想已形成稳定的企业文化和一支稳固的核心下属队伍。

自创业之初，联想就抱定了"要把联想办成一个长久的、有规模的高技术企业"的信念，并逐渐为自己定下了更清晰的目标——到2010年力争进入世界500强。现在，这个目标已深深根植于每个联想下属的内心深处，它就像一盏明亮的灯，指引着全体联想下属奋勇前进。

同时，柳传志也有着独特的魅力，能够把大家凝聚起来，指引大家向着目标前进。柳传志自己也曾说过，对于联想管理核心而言，最重要的工作就是深刻理解市场运作的规律，认识企业管理的基本规律，并带动各层次的管理者共同认识。建立共同愿景是联想企业文化建设的一个重要环节。然而，我们看到在很多团队，文化和信仰并没有从上而下地渗透，而是在不同的部门形成了不同的"文化"。每一个上司和主管完全按照自己的风格来确定部门的风格，并且都认为那是最合适的。

若各个部门都只按自己的意愿建立不同的部门文化而未在团队整体上形成统一的文化，就只能使各部门间产生很大的差异。但凡伟大的公司，文化必定是单一的。但凡平庸的公司，都有各色花样的"上司文化""部门文化"。

因此，我们必须强调共同愿景的建立而非诸多个人愿景的简单相加。

不管怎么说，共同愿景应由个人愿景会聚而成，借着会聚个人愿景，共同愿景才能获得能量。有意建立共同愿景的团队，必须持续不断地鼓励成员发展自己的个人愿景，这也是团队文化中"以人为本"的思想。如果团队成员没有自己的愿景，那么他们所要求遵从的共同愿景就不会融合他们个人的意愿，这就丧失了建立共同愿景的初衷。同时要注意单有个人愿景是不行的，一定要有在此基础上形成的共同愿景，因为共同愿景有远比个人愿景来得大的创造性张力。

使个人愿景上升到共同愿景，就必须放弃由管理决策层来宣布这一共同愿景。原因是这样的，愿景通常是治标不治本的，而且不是由一个人愿景汇集而成的，通常这样传统的由上至下的行政性指导易导致愿景的破产。

许多团队都是在管理人的独断专行中，导致了共同愿景的破灭，甚至走向崩塌。管理者必须把共同愿景当做企业文化中经营理念的一部分，这是企业日常工作的中心要素，是持续进行、永无止境的工作。

团队有了一个共同愿景，就使每一名成员都可以融入团队的整体文化当中，这样团队文化便在一个统一、激进的氛围中得以建设。而每个团队成员的努力也都是在为此添砖加瓦。

共同愿景不是团队成员在管理者的威逼下的服从意愿，而是组织内每个成员发自内心的愿景汇集的共同体。这就如同珊瑚虫们都在分泌石灰质，而这些行为有机地结合在一起，就形成了美丽的珊瑚。

共同愿景也不是单一问题的解答。如果仅把它当做单一问题的解答，那么一旦士气低落或策略方向模糊不清的问题解决以后，愿景背后的动力也就跟着消失了，这就使愿景失去了"存活"的能源。

"共同愿景"是团队中每个成员所共同持有的"我们想要创造什么"的图像。当这种共同愿景成为企业全体成员的一种执着的追求和内心的一种强烈信念时，它就成了企业凝聚力、动力和创造力的源泉。

共同愿景唤起了团队成员的使命感，团队由此能够看到自身在社会中的定位，看到自身的历史责任，团队成员也会感到他们隶属于一个优秀的团队。共同愿景能使团队成员极具敬业精神，自觉投入，乐于奉献。因为他们看到工作本身对于他们的意义非同以往，它不仅是谋生手段，更是一种社会责任；他们在工作中充满激情和乐趣，也从中体会到了生存的意义。共同愿景能改变管理者和团队成员的关系，所有的人会称团队为"我们的团队"，视彼此为实现共同愿景的伙伴，是生命的共同体。

管理者在设计共同愿景时，应注意以下几点。

1. 共同愿景应建立在个人愿景基础上，得到成员的认同。共同愿景就其层次和范围来讲，可分为组织大愿景、团体小愿景和个人愿景。任何系统、部门或单位都可根据自身的工作性质、特点建立不同的共同愿景，然而，不论何种共同愿景的建立，都须以个人愿景为基础，否则，共同愿景也就无从谈起。

2. 共同愿景应划分为阶段性景象，以增强团队成员实现共同愿景的信心。共同愿景是一个组织确立的在一定时期内所希望达到的景象，是组织成员为之努力的总目标。在确立共同愿景的同时，应对其进行细化和分解，将愿景根据工作规律和特点划分为阶段性景象，由分景象组成共同愿景。

3. 共同愿景应充分体现个人价值，增强团队成员的成就感。每个人都希望自己在人生舞台上事业有所建树，才华得以施展，情感得到尊重，这是所有个人愿景都应包含的。因此，对于这样的个人愿景必须鼓励和支持，平等对待成员中的每个人，彼此尊重，相互包容，形成一种快乐和谐的工作氛围。

4. 在建立共同愿景的过程中，管理者应身体力行。一个团队或一个部门，犹如一艘航行于大海中的轮船，作为这艘船的管理者，应成为何种角色，是船长还是舵手，是摆在每一位管理者面前的问题。可以说船本身就像一个组织，如果本身结构设计不合理，再高明的管理者也难以驾驭。

管理者需要注意的是，共同愿景并不是个人愿景或是部门愿景的单纯相加。从个人愿景上升到共同愿景还需一个过程。如果团队的发展仍旧停留在个人愿景的层面上，那么其简单相加反而会阻碍其发展，不能形成一种统一的文化。

3 纳贤篇

知人善任炼慧眼，有奖有罚定人心

不管是历史还是今天，人才永远是领导者成就大事的安身立命之本。若想号令天下，就一定要具备聚敛天下群才的果敢与智慧。领导者不仅仅要找到人才，成为慧眼识人的伯乐，还要把他们安插在最适合的地方，既要给人才足够的发展空间，又不能让他们过分地狂妄自大。这是上下统筹管理中必须学会的领导艺术，既要广施恩德又要彰显威严，对有功之人要鼓励褒奖，而对酿成大错者也要厉声严办。一个领导者只有将自己永远置身在一个公正公平的位置，不以个人主观思想判断问题，才能具备威慑群雄莫敢不从之力，聚敛英才精忠报效之心，成为真正的人心所向，唯一可担统领天下大任的千军之魂。

法则五：识才善用，包揽人才智慧

作为一个领导者，想要成就自己的霸业，就一定要具备伯乐般的慧眼和道高一筹的用人智慧。自古王者都爱才，可是爱才也要懂才，不但要给他们施展自己的舞台，还要练就自己宽宏博大的胸怀。真正的聪明人能很快摸准人才的主脉，既要为我所用，又不会任其肆意狂妄。总而言之，不管事业怎样变革创新，自己始终是那个最大的受益者。

孙策收降太史慈：理解人才得其心，赋予人才施展地

汉末时期的孙策，年纪尚轻却已是江东名副其实的霸主，而且极受士兵将领的拥护。孙策为何如此深得人心？秘诀就是他对人才的信任：用人不疑，疑人不用。带兵打仗，孙策可谓义勇当先，管理人才，他也是道法有章。这里，我们就从另一个人物太史慈的角度，为你展现一个善用人才的孙策。

为什么当领导的总会觉得一才难求，无才可用呢？

对此，苏轼的解释是："非才之难，所以自用者实难。"不是没有人才，而是人才极少会"自用"，所以需要等人来用。这就看做领导的是否懂得"用

人之道"。用人之"道",也可以理解为领导之"方"。各方名士为何愿为孙策所用,因为孙策有人才甘为所用的用人之"道",领导有"方"。

做一个会用人的领导者,就要给人才一个"用武之地",人尽其才,才尽其用。孙策与太史慈的君臣之情,在历史上成为一段佳话。孙策向来是"用人不疑,疑人不用",即便是对从敌军阵营归降的太史慈,他都给予充分的理解和信任,这就是他的"用人之道"。东汉时期,孙策带兵攻打刘繇的部队,时为刘繇部下的太史慈自告奋勇愿为前锋部队。但刘繇看他年纪太轻,不敢重用,这让太史慈心怀不满。

恰逢孙策来到神亭,太史慈不顾一切冲上前去与孙策相斗。两人打斗激烈,纷纷摔下马去又是一阵肉搏,最后是双方兵马上来将两人分开。

后来,孙策用埋伏计策,在芜湖山中将太史慈抓获。但孙策对太史慈的武艺相当认可,主动为其松绑,以礼相待。

太史慈十分感动,表示愿意归降。两人经过一番相谈,太史慈对孙策说:"我的部队现在已是士卒离心,如果等他们四处散去,就难以再收复,请将军允许我现在前去把他们招拢过来,再归顺为将军的部队,不知道你能否信任我。"

孙策一听,作揖感谢,这正是他心里所想,于是答应太史慈,并约定以次日中午为期,在轩辕门会合。

太史慈一走,众人就开始担心他会一去不回,但孙策认为太史慈乃青州名士,一定是言而有信的义士。

果然如孙策所料,太史慈的部队如约而至。众人一见,都暗服孙策知人。

孙策拜太史慈为折冲中郎将。太史慈从此跟着孙策南征北战。

某次,孙策与刘繇交兵,刘繇大败,孙策力排众议,派太史慈前去招纳刘繇的部下,不出两个月,太史慈就率领刘繇的部下回到了孙策营中。

至此,孙策与太史慈这对君臣搭档的配合愈加默契。为什么孙策总是在众人对太史慈产生怀疑的时候，都会说"他不是这样的人"？这句话不仅是在宽慰自己，更是为了证明自己对太史慈的信任，哪怕有时候这种信任会有点犯傻的性质，也总好过猜忌。对人才有猜忌之心，那么人才的作用就大打折扣。

有这样的领导，他们喜欢打着"求贤若渴"的虚名，四处招贤，甚至夸下海口，承诺种种福利待遇引进人才。可人才来了，却只能如花瓶一样做摆设。门下也许博士、专家济济，但做领导的却一个都不了解，无法"取其所长，以其能任之"，结果千辛万苦找来的人才，又白白流失。

人才不是领导者拿来炫耀的资本，更不是用来命令和差遣的奴仆。领导者既然爱才，就要懂才，而信任是对人才最好的理解和尊重。

学会信任，领导者应该做到以下几点。

1. 既任需信，既信需终

"信"乃领导者的立身之本，也是团队的经营之道。领导必须明白人才对团队发展的重要性，应该用心地管理好手下的可用之才。既然选择任用一个人，就必须把信任和职位一起给他，而这份信任必须从一而终，因为信任，会换来"士为知己者死"的回报。

从孙策对太史慈的信任中，我们就该明白为什么这位少年霸主可以得到旗下将领士兵的拥护。他会信任自己的人，而且这份信任不会因为别人的质疑和流言而中断。跟着这样的领导，哪个人才不会感到欣慰呢！

由此看来，做领导不是以年龄论高低，而是看在什么时候懂得"既任需信，既信需终"的道理。团队的人才战略就是建立在上下级间充分的信任基础上，人才相信领导的指挥，领导相信人才的能力，上下一心，这就是一流团队的精神风貌。

2. 以人为本，用授权赋予人才施展之地

太史慈跟着孙策，远比跟着刘繇更有存在感。孙策给了他足够的信任，

还有足够的施展空间，这时的太史慈才真正体会到习武之人有"用武之地"是多么幸运，所以，他至死都没有对孙策有二心。

做领导的能够得到一两个这样死心塌地的"人才"，事业发展不愁无人可用了。人才跟随一个领导，其实最大的希望就是能够一展才华，真正干一番事业。这就需要领导者放松手中的权力授权给他们，给他们营造一个相对自由的空间，实现自己的人生理想。

实现人才的理想，其实也是在间接为领导者的成功铺路，这是一种互利双赢的领导方式，试想，引进了人才，却又不让他们放开手脚做事，这跟制造木偶有什么区别呢？拥有了人才，何不让他们鸟飞鱼跃一下，或许他们真的会带给你意想不到的惊喜。

3. 选对人，做对事

领导者在团队中的角色，可以是指挥家，也可以是教练，他们的主要任务不是自己做多少事，而是要选对人、做对事。

就像孙策挑到太史慈，他对这位青州名士十分欣赏，也器重他的仁义，所以他相信太史慈可以委以重用。所以，他选择了相信太史慈，并在今后的南征北战中，多次给他创造机会施展自我。

什么样的人值得信任，需要领导者内心有一个评判标准，选择自己认为对的人。确定了自己可以信任的人，接下来就是让这个人可以创造价值，人尽其才，才尽其用，领导就做对事了。

用人之道，贵在人和，先要有信赖，然后大胆使用，这样方能博取人心。领导者对人才的信任本身也是一种激励，激励他们尽显忠诚，发挥才能。太史慈甘愿投到孙策帐下，并不是因为被孙策霸主的名号所屈服，而是知道孙策是一位明主，可以给他机会大展拳脚，这才是他尽忠职守的最大理由。

那么，对大多数还在被"人才"问题烦扰的领导，不要再处心积虑地在外面找人才，好好信任已经在旗下的下属，说不定他们就是你梦寐以求的人才呢！

人才需要一个舞台，这个舞台必须以"信任"为台柱。成功的领导者不会吝啬自己的信任，更不会束缚人才的发展空间。构建一支强大而有凝聚力的团队，就应该如孙策一样，用人不疑，为人才创造良好的信任环境，也是为自己的事业铺路搭桥。

曹操留书镇合肥：人才特点各不同，合理搭配巧运用

人的特点各有不同，管理者应在此基础上，对人才进行合理搭配，使其互补缺失，各展所长，如此才能将人才优势最大限度地发挥出来。曹操的驭将之术三国中鲜有人能够匹敌，纵然是刘备、孙权，亦与其存在一定的差距，这也是曹操能够一统北方广袤土地的关键所在。

现代企业管理的理论与实践都证明：合理的人才组合是企业人力资源规划的关键，也是一个企业能否对外发挥最大潜能的关键。合理的人才组合可以使人才个体在总体的引导和激励下释放出最大的能量。

人才是企业最重要的资本，这是现代管理者的共识。而如何使用人才，使人才能以一当十、以十当百，则成为管理者不断思考的问题。人才组合不一定都要追求"强强联手"，重要的是要追求优势互补，将不同类型的人才进行合理的搭配。建安十九年，曹操亲自统兵东击孙权。退军之时，他留下张辽、乐进、李典三位武将及护军薛悌共同镇守合肥。翌年，曹操又率军西征张鲁，临行前，他遣人送信给薛悌，上书"贼至乃发"。不久，孙权果然

亲自率军来夺取合肥，薛悌急忙打开信函，只见"如若孙权来攻，可叫张辽、李典二位将军出战迎敌，乐进将军在城中守寨，而护军，千万不可与孙权兵士交战。"此时此刻，合肥守军共计七千余人，人数上远远不敌孙权，四人感到有些疑惑，在如此敌众我寡的情形下，还要分兵出战，这是不是上策呢？还是张辽经验老到一些，他说："主公远征张鲁，根本来不及回身驰援我们，若死守孤城，无须多久便会被孙权攻破，我们都会成为阶下囚。主公之意，是叫我们趁孙权喘息未定之时，便出兵突袭，一来可杀杀他们的锐气，二来可以振奋我们的士气，稳定军心，然后便可以守城了。你我的生死就在此关键一战了，大家还有什么疑惑吗？"李典一干人等听闻之后，均表赞同。于是，张、李二人当夜便招募敢死队八百人，杀鸡宰牛犒飨一番。

却说孙权令吕蒙、甘宁为前锋，自己和凌统居中，带领诸将直奔合肥，兵马行至逍遥津，张辽、李典左右杀出，张辽身披铠甲、手持矛戟，身先士卒，奋勇向前，连杀数十人，斩将二员，高呼自己的名讳，直杀到孙权麾下。孙权见张辽来势凶猛，甚为惊恐，亏得他身边的将士死命相救，才跃马过桥而去。凌统所带三百余人，皆被杀死，统身中数枪，绕桥而逃。吕蒙、甘宁皆死命奔逃，才到达河南岸与孙权会合。这一阵杀得江南人人害怕，闻张辽大名，小儿不敢夜啼。

这一战，吴兵锐气尽丧，张辽等人回到营中，众人之心才安定下来。东吴军队眼见一时难以攻下合肥，便心生懈怠之情，围了合肥十几天，就撤军退回吴中了。孙权在大军撤去之时，自己与几名将领留在逍遥津观察敌情，张辽登高望远，发现孙权，就率步兵骑兵前来捉拿。吴中大将甘宁、吕蒙、凌统等都拼死保护，孙权才得以逃去。后世不仅赞扬张辽的骁勇，更是对曹操调兵遣将深表钦佩。张辽之勇不在许褚、马超之下，又有谋略，杀敌冲锋，乃是良将。乐进性格持重，守城最佳。曹操料定孙权自恃兵多，会有所轻敌，而张辽等人正好可以趁孙权大意之时以迅雷不及掩耳之势给他来一个突然袭击，一如张辽所言"及其未合，折其盛气"。可见，曹操之"雄"，不仅仅在于他的谋略上，其用兵遣将更是让人佩服。

曹操在这一点上，很值得现代管理者学习，我们应该根据不同人的特点，对下属进行合理搭配，以使人才的效用最大化。

那么，在现代管理中，我们究竟要如何才能掌握合理搭配人才的技巧呢？大家可以考虑以下几点。

1.高能为核。企业必须以能力高的人为核心，才能荟萃群英，调动各方面的积极性和创造性。所以，必须选好企业的最高领导者和各部门的正职。在各部门的工作中，也要注意培养各领域的带头人，作为一个个"高能核"发挥凝聚作用。

如果一把手能力欠缺、水平不高、独断专行，再好的副手和下属也难以发挥应有的作用。许多人辞职就是因为上司无能，自己不但不能学到东西，而且觉得备受压抑、前途无望。这样的企业又怎么会赢得激烈的市场竞争呢？

2.异质互补。不同专业、性格、气质的人在一起，往往能互相激发想象力，各司其职，各得其所。任何一个企业在配备人才，尤其是领导一个班子时，一定要注意才能、性格等各方面的互补。班子成员中既有统御三军的帅才，又有领兵打仗的将才，还有协调八方的相才、执行决策的干才、精通业务的专才。如果大家的性格、能力都差不多，不但无法互补，还容易造成相互排斥、相互否定，甚至相互拆台，形不成整体合力。

3.德才不逾。贤能取舍是一个自古以来争论不休的问题。我们说"高能为核"，前提是坚持品德的要求，特别是企业的重要领导岗位。品德败坏的人是不能交与大权的。他们能量越大，危害就越大。

企业的领导不仅要指挥企业获得经济效益，还必须以自己的人格魅力取信社会、征服下属，才能带领企业走向真正的、长久的成功。

所以，企业合理的人才结构是"贤者在上、能者居中、工者在下、智者在侧"。智者在侧，是说企业要组成智囊团，他们不参与直线职能，而是集中精力于制定高瞻远瞩的战略战术。对于单个的人，委任时也要考虑其品德。有德有才，信而用之；有德无才，帮而用之；无德有才，防而用之；无德无才，弃而不用。

4. 同层相济。首先，要让企业的中、高、低各层次人才保持合适的比例。虽然各企业不同的产品特点、组织结构，导致比例各异，但一般说来，同一个层次的人不可过多，比如公司副职。否则他们在升迁等问题上就会"撞车"，在日常工作中也容易扯皮和彼此拆台。

其次，让不同部门的同层下属保持一定的可比性。加入 A 部门的一般职员的能力比 B 部门的经理都强，人们便会抱怨 A 部门，而想方设法挤到 B 部门或者其他水平不高但升迁很快的地方去。这会使公司陷入混乱。

5. 动态调整。企业面临的外部环境是不断变化的，所以人才的搭配不能一劳永逸。管理者可以不断寻求最佳的人才搭配，如年龄、性别、专业技能等方面的比例和组合等。还可以通过选拔、招聘、晋升调任、开发培训等方法来调整。另外，当企业目标、工作情况有大的变动时，须做出较大范围甚至全面的调整。

合理地搭配用人，不仅能充分发挥每一个人的个体作用，而且可使群体作用功能达到 $1 + 1 > 2$ 的状态，并在整体上取得最佳效果。随着现代科学技术的发展，很多研究、攻关项目是需要体现多边互补原则的。这里既需要有知识、能力互补，又需要性格、年龄等方面的互补。

丹麦天文学家第谷有杰出的观察能力，经过日积月累，得到大量天文观察资料。但是，他的学说仍然没有摆脱托勒密地心说的束缚。1600 年，他请了一位助手——德国天文学家开普勒。虽然开普勒的观察能力不如第谷，但他的理论分析和数学计算才能却非常突出。合作不久第谷去世，在第谷大量的观察资料和自己的分析计算基础上，开普勒大胆提出了著名的、对以后的航天事业有着深远影响的开普勒三大定律，这也有力地证明了"互补效应"。

另外，企业在用人过程中还应注意在一定程度上打破部门壁垒，有针对性、有计划地让人才作合理流动，让人才能在各方面学习，在更广阔的天地里发挥作用。同时，这也是一种培养全面人才的手段。如果人才不能合理流动，在小环境里，容易窒息人才，使企业丧失活力。

优秀的管理者不仅要看到单个人才的能力和作用，更重要的是要组织一个结构合理的人才群体。要将不同类型的人才进行合理地搭配，并把他们放在最合适的地方，互补互足，相互启发形成一个有机的整体，通过这样合理的组织结构来弥补人才的不足，以求达到人才使用的最佳效能。

三顾茅庐成美谈：求才诚心胜实力，领导谦卑是美谈

有句名言这样说道："当我们大为谦卑的时候，就是我们离伟大最接近的时候。"刘备三顾茅庐，成就三国鼎立伟业，是因为诸葛亮看到了刘备诚心求才的谦卑，知道刘备必成大事，是值得辅佐的伟大领导。南阳隆中，刘备与诸葛亮一拍即合，刘备统一天下的战略大计呼之欲出，请出诸葛亮这条隐居山林的"卧龙"，刘备坎坷的人生从此迎来了风调雨顺的高峰。

千军易得，一将难求。什么是高层领导者的重要职责？那就是起用一流的人才，做出一流的事情。可是，人才不都是身上闪着光芒，他们大多数

在脱颖而出前，谁都很难看出他们的星光，诸葛亮这位神机妙算的军事奇才，如果没有徐庶的极力推荐，刘备也许一辈子都不知道，古隆中有一条"卧龙"。

如果领导者没有诚心求才的渴求心，即使知道人才在哪里，也会因为种种原因，和人才失之交臂。历史上求贤若渴、思贤心切的故事比比皆是，它们都在向领导者揭示一个真理：求才是一种品德、一份责任，需要付出真心，倾注真情。感动人才，才能广开"才"路。

这一点，领导者需要从刘备那里学学经验。汉末时期，黄巾起义天下大乱。汉室朝廷，曹操独揽大权；东吴孙权，拥兵屯守，跃跃欲试；刘备因为在汝南打了败仗，投靠了刘表，安居在新野的小地方。

刘备当时的部下徐庶知道刘备急需人才，就向他推荐了隆中的诸葛亮。这个诸葛亮学识精深，才华横溢，上知天文，下晓地理，是个难得的人才。

刘备知道有这样的大人物，就立刻和关羽、张飞带着厚礼去拜见诸葛亮。

第一次，诸葛亮恰巧出门，刘备三人只好打道回府。没有见到诸葛亮，刘备心里非常焦急，不过几天，他又和关、张二人冒着风雪去了诸葛亮家中，这一次运气也不好，碰到诸葛亮出门闲游。关、张二人本就不愿再来，得知又白跑一趟，就催着刘备回去。刘备只好留下一封信，表达自己对诸葛亮的敬佩，以及希望他能出山帮助自己挽救国家危局。

过些时候，刘备准备第三次请诸葛亮。此时，关、张二人却对诸葛亮大有意见，说他不过是个浪图虚名的人罢了。张飞还主张让他一个人去叫诸葛亮，如果他不来，就用绳子把他捆来。

刘备把二人狠狠责备一通，说服两人第三次来拜访诸葛亮。这一次，诸葛亮在家中，不过正在午睡。刘备不敢惊扰，一直站着等诸葛亮醒来，两人才坐下促膝长谈。

诸葛亮知道刘备一心为国，而且三次前来恳请他出山相助，大为感动，决心全力帮助刘备建立蜀汉皇朝。

刘备向诸葛亮问其统一天下的大计，诸葛亮精辟地分析出当时的天下形势，建议刘备先夺荆州和益州作为根据地，对内改革政治，对外联合孙权，等待时机出兵北伐。两人的这次谈话便是著名的《隆中对》。刘备虽然也算皇亲国戚，但家族在他那一代已经没落，靠卖草席为生。以他这样的草根出身，却依然心怀鸿鹄之志，立志复兴汉室，最后成为西蜀帝王，很重要的原因是他能够网罗人才。其中，以诸葛亮对他的帮助最大。

为什么刘备可以一而再、再而三地拜见诸葛亮，为了得到这个人才，不顾自己"主子"的尊严，也要求得一见。因为刘备把求才当成一种责任、一份使命，所以他愿意付出真心。事实也证明，他的谦卑、他的诚心让他得到了人生最宝贵的财富——军师诸葛亮。

用刘备自己的话说，得诸葛亮就如鱼得水。因为诸葛亮先谋献策，西蜀霸业才能如火如荼地发展起来。对刘备来说，国家的兴衰全在人为。

任何事业的成功都在人为，领导者要想成就自己的事业，首先就要寻访到合适的人才。那怎样能够招揽到人才呢，那就要求领导者以"诚"谋才。

1. 领导者态度——"处卑下"

"水处卑下，善于迂回，知迂回则无损"。领导者若是可以把自己放在一个弱者的位置，他的目标就能一直前进，此话怎么理解？

在刘备给诸葛亮留下的信中，刘备表示自己很敬佩诸葛亮，这种口吻已经把诸葛亮捧在一个高于自己的地位。刘备知道匡扶汉室的大业需要有得力的人协助，说不定诸葛亮就是这个人，所以，他告诉诸葛亮自己的理想——复兴汉室，建立蜀汉政权。

对于一个有才之人，就算他真的无心涉足江湖，但也希望被人认可和重视，诸葛亮知道有这样一个人，为了见自己三次来访，这份诚意不是哪个领导都能做到的，领导可以如此谦卑，说明他是真的在乎人才、尊重人才，那么自己还有什么理由不出山呢。

所以，一个有雄心大志的领导，不是先去打江山，而是要先增加自身吸引人才的魅力，做谦卑的领导者。只要有了可用之才，自己的目标还害怕无法成真？

2. 领导者识人——英雄不问出处

古往优秀的领导者通常有一个难得的品质，就是他们都懂得"不拘一格将人才"，只重视人才的真本事，而不是看出身、看背景，这也是识人的可贵之处。领导者识人最怕戴上有色眼镜，按文凭、经验、关系等，这种偏见很容易选到庸才。

领导者要做伯乐，就要擦亮慧眼，首重能力。刘备三顾茅庐就是最好的榜样。茅庐之中，住着的很可能就是一位旷世奇才，他们虽然在社会上没有名声，没有地位，但是他们有的是真才实学。

成功的领导者要是善于识人于未名之时，摒弃世俗偏见，用自己的目标和用人能力，寻访合适的人才。雄鹰翱翔万里，眼里看见的是奔跑的兔子；而金龟子的眼里却永远只有粪球。领导者的视野决定了他们的视角。识人的视角要像雄鹰一样，飞得高，看得远。

3. 领导者用人——先成人之美，后成己之事

领导者用人的诚心表现在哪里？当领导者得到人才以后，不要一开始就告诉他要为你做这个、做那个，这样急功近利地使用人才，会让你前面的诚意全都蒙上"欺骗"的色彩。

领导者应该先让人才有机会表现自己的才华，给他创造舞台，告诉他，在这里他能做什么，可以得到什么。领导先有"成人之美"，人才才会感怀这份知遇之恩，对领导者的目标全力以赴。

诸葛亮在刘备那里无时无刻不在表现自己的满腹经纶，他得到了指挥三军的权力，得到了一人之下、万人之上的名望。如果没有刘备的知遇之恩，

诸葛亮再有盖世无双的才华，也只能是躬耕田野的隐士而已。所以，他也把刘备建立蜀汉政权的宏伟目标当成自己一生的理想。

世界上，也许还有许多领导者都以为访求人才需要运气和缘分，其实，缘分和运气有的时候是需要自己去争取的。人才不是"可遇而不可求"，只要你愿意付出实际行动，人才就会源源不断地慕名而来。

刘备可以，任何一个领导者都能做到，这不是天生的素质，而是在于你这个领导有没有这份求才的诚心。不要再空叹什么无才可用，人才就在那里，关键看你是否采取行动了。

古今一切成败都是人的较量，取胜要靠智谋，而智谋来自人才，所以，人才对领导者的成败有着举足轻重的作用。无论在哪个时代，对人才的追求都意义深远。寻求到好的人才，领导者大可扶摇直上；而对人才用心不足，领导之路则止于脚下。

文武高才助刘备：各个专业揽人才，营造交融大舞台

比起曹操和孙权得天独厚的优势，刘备算得上"白手起家"，既无雄厚财力，也无一城一域，个人能力也逊色于曹、孙二人。不过刘备为人侠义，善交友，更长于"人力资源"的经营掌控，所以身边依然人才辈出，能文能武，帮助刘备在群雄争霸的风云时代，独撑一片天。在刘备的用人观里，人才储备不能一枝独秀，而是要百花齐放，奇迹往往需要多元的人才智慧。

领导者的用人思路，决定了他的领导出路。用人者需要有气魄，要有用

人之胆，更要像刘备一样，敢于起用不同类型的人才，打造自己多元的人才队伍，营造智慧交融的大舞台。成大事者，须以多得助手为第一要义，人才资源的多样性是领导者扩展事业的最高筹码。

刘备出身市井，一穷二白，却能成长为一代霸主，建立西蜀政权，他的制胜秘诀就是独特的用人思路，只要是有才之人，无论在文还是在武，都招揽于麾下，有备无患。西蜀与北魏、东吴形成三足鼎立之势，正是刘备身边的一批文武高才共同谱写的亘古传奇。

现在，我们来看看在刘备的人才库中，究竟有哪些宝贵的"人才"资源。武将代表：五虎上将（关羽、张飞、赵云、马超、黄忠）。

一、智勇双全——关羽

关羽身高九尺，肤色黝黑，一脸正气，看上去威风凛凛。此人做事稳重，精通《春秋》，文韬武略。与刘备、张飞义结金兰后，追随刘备征讨黄巾，战功显赫。温酒斩华雄、三英战吕布之战中，都有他出色的表现。关羽是世间难得的忠义仁勇之士，战场上有勇有谋，披肝沥胆，过关斩将，令曹军闻风丧胆。

二、骁勇悍将——张飞

张飞出身屠户之家，与刘备、关羽意气相投，跟随刘备征战多年，可谓资深大将。"其勇不可当，乃世之骁将"，自从在虎牢关打退吕布之后，名声可以与吕布相匹敌。张飞为人耿直，也不乏智谋，长坂坡一战中，突遭曹军围堵，张飞竟以其彪悍吓死曹军一员大将，震慑曹军，保全了刘备一干人的性命。

三、大帅之风——赵云

赵云乃刘、关、张的义弟，一生功勋卓著，先事袁绍，后随公孙，最后投于刘备帐下，有机会大展宏图。当阳长坂坡一战，赵云大显英雄本色，怀抱幼主刘禅，斩将，砍旗，为救幼主力挽狂澜，尽显忠勇。而赵云本人很有大将之风，武功高强，待人随和，对待手下仁爱有加，就连名门之后的马超也非常敬重。

四、万夫当关——马超

马超，是汉将马援的儿子，此人在羌地深得人心，就连曹操都对他无可奈何。马超自有一夫当关，万夫莫开之勇，能征战，也懂得指挥兵马。麾下将士在他的号令下，所向披靡，攻西川，在斜谷袭击曹操，作战本领难能可贵。

五、情义之士——黄忠

黄忠，是刘备从韩玄阵营里收降的名士，人如其名，忠心事主。黄忠不是单纯地有匹夫之勇，更有高尚情操。他在长沙城内，极力劝阻魏延杀韩玄（当时，韩玄正想处死黄忠）。刘备在汉中封五虎上将时，关羽曾在荆州对黄忠封将极为不满，但黄忠却不顾年迈，为关羽报仇，中了吴将马忠的埋伏，被箭射死。

文官代表：智多星——诸葛亮

在英才辈出的三国时代，诸葛亮已经有了"智多星"的称号，隐居隆中时，虽只是一介书生，就被当时的大名士庞德称为"卧龙"。司马徽赞他为"识时务的俊杰"。

刘备在"三顾"茅庐后，请出诸葛亮指点江山。诸葛亮凭借其智慧，先与孙权、刘备逐鹿中原，又和司马懿争霸天下，让势单力薄的刘备走出困境，三分天下。大多数人到现在抱着"谋事在人，成事在天"的旧观念，而从中国历代成功领导者的经验中可以看到"谋事在己，成事在人"更有说服力。

高明的领导者都是在"成事在人"的信念中，练就自己的一套"用人法则"。刘备深知，以自身的能力和条件，想要完成匡扶汉室的理想，只能做梦。既然自己不行，就去找行的人，于是刘备把自己领导者的智慧，都集中在了"用人"上，敢用人，而且把各个类型的人才运用得风生水起。

会用人，就知道用什么样的人。领导者要有这样的认识，人才没有固定框架，360行就会有360种人才模式。人才多元化才是适应这个时代和社会需求的大趋势。

领导者在实行多元化人才战略需要注意以下几方面。

1. **掌握人才互补原则**

打造一个高效率的团队，需要有三种类型的人才：管理型人才、技术型人才以及高效率的执行者。在这样一个人才结构中，各个人才因子相互补充，包括才能互补、知识互补、性格互补。领导者只要能够掌握这种互补原则，即使没有特别突出的人才，也可以打造一个"德才兼备"的高素质队伍。

刘备的文武高才，其实也是在相互补充的前提下，扬长避短，扩大优势，增强竞争力。诸葛亮智谋过人，可是他没办法拿起兵器，冲锋陷阵；张飞、关羽可以打仗，但却少了周全的部署，所以文武搭档，就是文武双全了。

2. **适得其位，人尽其用**

在选人的过程中，识人要全，知人要细，把人看得全面细致，是为了识人所长，知道他们的长处，方可把他们安排到合适的位置，适得其位。有管理天分的，就做管理，有销售特长的就放到市场上去磨炼，该文就文，能武就武。

刘备军中虽是人才众多，却多而不乱，各司其职。刘备在引进一个人才之时，就已经对他们的特长心知肚明。只有当人才做到适合的工作，才能发挥人才效应，成为自己坚强的后盾。

3. **用人不求十全十美**

有句话叫"人有过世之才，必有遗世之累"，有大才能的人通常都会有突出的毛病。就拿关羽来说，既能打仗，又有文化，文韬武略，就像刘备的一只胳膊，可是这样一个能文能武的大将，却最后死在了意气用事上；黄忠有情有义，却容易被激怒，这就是优点突出的人，往往缺点也很突出，这也是一种人性的平衡法则起的作用。

那么，领导者在招揽人才时，不要过于求全责备，关键在于用其所长，良才就会有用武之地。不同专业，不同领域，都会有独特的一技之长，这些长处只要善于融合，就能拧成一股借势的大绳。

身为领导者，千万别认为团队是属于自己一个人的，团队是一个集合的组织概念，在这个集合中，应该是各种专业齐聚一堂，团队的生命力，是因为有这些多元化的人才因子而蓬勃向上。刘备的这支蜀军，虽然偏居一隅，可是它的生命力已经令远在北方的曹操不容小觑。

人才多元化就像是领导身边的多面镜，反照出领导者目之不及的问题，延伸一个团队的思想深度和认知广度。人才多元化的优势，随着时间的推进变得更加明显，有助于团队成员的才能互补，更能提升团队战斗力和凝聚力。因此，领导者对各种专业的人才都应该有包容招纳之心，人才多样化也能助领导者羽翼丰满。

水镜集团之浮现：智者谦卑对高人，有理就需有行动

历史上任何朝代都有幕僚的身影，而为当权者培养幕僚的人也是大有人在，比如鬼谷子、孔子、墨子，任何一家一派都是针对统治者提供"人才"的大本营。三国时代，最大的幕僚集团则非水镜集团莫属。

水镜，即司马徽。水镜集团即以司马徽为代表的荆楚文人志士。其中，包括孔明、庞统、徐庶、诸葛瑾、鲁肃、姜维，甚至司马懿父子也涵盖之内。

我们看三国，表面上是看曹刘孙的争霸大事，三个人也是在三国的群雄逐鹿中占尽风光，而三人风光的背后，则是身边幕僚作为推手进行的，拥有几名王佐之才，足以让三个优秀的领导者称雄天下，比如，孔明、周瑜。可以说，天下大势划分，幕僚的作用不可小觑。

当然，良禽择木而栖，领导者和跟从者幕僚是互相选择的。相对于曹操和孙权的势力强大，能够大量招募贤才之外，刘备就显得孤寡很多。但是，不管过程如何艰辛，刘备仍旧在两者的夹缝中，找到了自己想要的人才，而这个幕后推手就是水镜先生司马徽。

现在，来看看刘备是如何通过水镜集团的头头司马徽得到大才徐庶的。《三国演义》第三十五回和第三十七回，对此做了详细的说明。刘备兵败曹操，投奔江东刘表，但是，因为势力强大，很快就引起刘表妻子蔡夫人和妻弟蔡瑁的忌惮。于是，蔡瑁设"鸿门宴"准备暗中杀死刘备。宴席期间，有人提醒刘备，刘备慌忙告辞，仓皇越溪而逃。

一身是水的刘备甩开追兵，逃到一个风景优美的山庄，这就是水镜山庄。很快，刘备就见到了水镜山庄的主人司马徽。

初见司马徽，刘备发现对方松形鹤骨，器宇不凡，赶紧谦卑行礼。水镜看刘备满身水渍，说道："今天，公幸免大难。"刘备惊讶不已，更是对司马徽佩服不已，低头谦虚行事。司马懿道："将军不必隐瞒，今天必定是逃难到了此地。"刘备于是诚实地将自己被害经过告诉司马徽。

司马徽问刘备："我很久以前就听说了将军的大名，怎么会到了如此境地呢？"

刘备道："命运至此，没有办法。"

司马徽摇头道："错了，是因为将军没有真正的左右手。"

刘备说了一串自己的部下，司马徽觉得这些人还不错，但是，却没有真正的王佐之才。刘备赶紧说道："备实在愚昧，不知道哪里有大才之士。"

司马徽道:"今天下之奇才,都在此地,将军可以去求。"

刘备赶紧问:"大才之士在哪,是什么人?"

司马徽道:"卧龙、凤雏,两人得一,可安天下。"

玄德问:"卧龙、凤雏是什么呢?"

司马徽之士笑笑,不再说了。

刘备见司马徽不再多说,于是,在山庄休息。刘备对水镜说的话想了半夜,睡不着,不久,听到司马徽和一个人交谈:"你拥有王佐之才,最好择人而事。英雄豪杰都在眼前。"那个人说:"先生说的是。"

等到刘备第二天请求见这个人,司马徽却告诉刘备,这个人已经投往明主而去。这个人就是徐庶。刘备请司马徽出山帮助自己,但是,司马徽拒绝了。

很快,刘备部下赵云找到刘备,二人回城。而这次刘备见到了徐庶。因为徐庶在司马徽的建议下,不请自来。看到刘备进城,徐庶道:"大厦将崩兮,一木难扶。山谷有贤兮,欲投明主;明主求贤兮,却不知吾。"求贤若渴的刘备听到徐庶的话,下马相见。于是,徐庶成了刘备的第一个军师。很快,徐庶就帮助刘备对抗曹操。几次打仗下来,曹操都是败落而走。刘备赢得了徐庶,为自己找到了军师,也为日后求得孔明埋下了伏笔。那么,为什么兵不强马不壮的"逃跑英雄"能够赢得水镜集团的好感呢?答案是谦卑。

作为东汉末年的白手起家的领导者,刘备虽然在金钱、权力、地位上都远远不及曹操和孙权,但是,他却最得人心,原因无他,这就是"谦卑"。而这也是为什么能赢得水镜集团的根本原因。

当领导者主动剥离自己的权力外套,仅仅靠人品和知识来获取对方的认可,自然对于下属和想要附庸的人来说,是给予对方金钱和权力都无可比拟的。《孙子兵法》讲,天时地利人和,而谦卑就是赢得人和的关键因素。可以说,刘备的谦卑姿态做足了一生,这也为他成就了蜀国霸业。

那么，具体来说，刘备是怎么做到的呢？

一、不强迫对方的意志

当刘备落难水镜庄，遇到司马徽，意识到对方一定是有名的隐士，自己虽然求贤若渴，但并没有强迫对方告诉自己卧龙凤雏叫什么、住在何地，当对方无意告知的时候，选择了退让，同样，对于司马徽的友人也是如此。

强扭的瓜不甜。曹操为了得到徐庶抓了徐庶的母亲，结果虽然徐庶到了曹营但心在汉。而曹操逼得司马懿出山，虽然司马懿做了些许的功劳，但是，却成了曹魏的盗墓人。

同样，今天的领导也是如此。即使一个人再才华横溢，也不能强迫对方的意志为自己效命，这只能饮鸩止渴，最后得不偿失。

二、始终如一地谦虚

一时的谦虚可以做到，但是，一生的谦虚却很难有人做到，而刘备就是其中的翘楚，不管是对五虎上将，还是对孔明，都保持了一生的认可和信任，做足了谦虚。

当然，一个人处于危难之时，很容易低头服软，谦虚地低头，但是，当一个人取得了成就时，周围全部是讴歌的言辞，做到谦虚就很不容易了。这个时候才是看一个人谦虚与否的关键。

一个聪明的领导者绝不能仅仅期望自己的下属为他倾倒、崇拜，这样的领导者只能打动人，却不能让下属甘心效命，尤其是真正的大才之士。

曾子曾经说过："用师者王，用友者霸，用徒者亡。"它是说，管理者姿态谦虚，尊奉真正贤能之人为老师，便可"王天下"，成大功。譬如周文王尊姜尚为国师，武王尊其为尚父；商汤用伊尹；齐桓公尊管仲为仲父；而对下属如兄弟朋友一般，便可称霸天下。譬如刘邦待萧何、张良，刘备待诸葛亮等；而那些专用言听计从、唯唯诺诺、阿谀奉承之人的管理者必然会失败。

此乃曾子结合历史经验之后据以说明历史兴衰成败的用人大原则，是古代人所施行的王道。

刘备宽容待法正：成大事不拘小节，其才之用胜其德

正所谓"金无足赤，人无完人"，是人难免会有犯错之时。作为管理者，我们不能苛求自己的下属完美无瑕，倘若我们一味地强调枝节问题，抓住下属的"辫子"不放，那么上下级之间就很难搞好关系，久而久之，我们真的就无人可用了。刘备向以仁义著称，他在人才管理上，也偏重于使用怀柔手段。法正虽有诸多不是，但仍然得到了刘备的厚待。

常言道"成大事者不拘小节"，对待那些无伤大雅的小错，聪明的领导者会适当"放放水"，睁一只眼闭一只眼就过去了。如此一来，下属必然会心存感激，心甘情愿地接受你的"差遣"，为你鞍前马后，亦在所不惜。

法正自从追随刘备以后，在官场上是十分得意的，但在生活上则相当糜烂，其为人的品性也不怎么样。这样的人，绝不能说他是个君子。刘备也知道法正有才无德，但由于他的工作表现也就睁一只眼闭一只眼，有人去找孔明告状，孔明也不置可否。很显然，刘备、诸葛亮不是不相信检举之人，也不是没有能力管，而是不想管。毕竟，法正所犯的只是无伤大雅的小错，对于蜀国大业而言，他的才能则更有用处，刘备、诸葛亮要用他的才，就得适当地装装糊涂，这是一种高明的管理策略。另一方面，法正也知道刘备、诸葛亮对自己的行为网开一面，是故亦有所收敛，而他虽性格乖张，但对刘备的忠心也是没有掺半点假的。

我们来看看法正为西蜀大业都作过哪些贡献。建安十三年，曹操进驻荆州，张松奉命去见曹操，因曹操怠慢，转投刘备归来后向刘璋进言与曹操断绝关系而结交刘备，并推荐好友法正出使。法正不得已出使前往荆州。法正归来后，与张松商定一同拥戴刘备。建安十六年，刘璋听闻曹操将派遣钟繇等往汉中讨伐张鲁，开始恐惧，张松乘机劝说刘璋迎接刘备入蜀对付张鲁。刘璋于是命令法正出使、孟达为副手，带领四千兵卒前往迎请刘备入蜀。法正乘机向刘备提出取蜀策略，刘备表示赞同，于是让孟达留在江陵统率这支军队，让法正回成都复命。

建安十七年，刘备正式伐蜀，其间郑度向刘璋提出坚壁清野的策略。而法正则准确预测刘璋不会采用郑度之计。公元213年，刘备围攻雒城，诸葛亮与张飞等人从荆州进军攻克西蜀诸县，法正写信给刘璋要求其投降。次年，刘备平定益州，法正与诸葛亮、张飞、关羽被赏赐金各五百斤，银千斤，钱五千万，锦千匹。

建安二十二年，法正分析形式，建议取汉中。刘备率军攻打汉中，法正也随军前往。刘备自阳平南渡沔水，沿山向前推进。于定军、兴势作营。适逢夏侯渊率军攻打，法正建议可以乘势击之。于是刘备命黄忠从高处进攻，斩杀夏侯渊。曹操闻听是法正的策略，不禁感慨道："我想刘备也想不出这种计策，一定是别人所教。"转而长叹，"我以为已尽收天下骄雄，怎么唯独漏了法正呢？"

法正的奇思谋略，甚至连诸葛亮也为之惊奇。他所提出的"汉中论"足以与郭嘉的"十胜十败论"、诸葛亮的"隆中对"、羊祜的"伐吴方略"相媲美，此四论，可以说是决定三国历史发展的重要论述。法正其人，才胜其过，这一点刘备是心知肚明的，是故他对法正总是睁一只眼闭一只眼。正是这种"成大事者不拘小节"的治下方略，给了法正施展才华的机会，可以说，蜀国的日渐强大，法正的贡献绝对是不可忽视的。

刘邵在《人物志》中说，那些性格刚正、志向高远的人，往往不善于做细致琐碎的事，这样的人一方面有着宏远的志趣，一方面在小事上又容易表现得粗心大意、迷迷糊糊。而严厉亢奋的人在法理方面可以做到有理有据、正直公平，但是缺乏灵活变通的一面，因而会显得暴躁，不通情理。性格宽容迂缓的人，为人很有仁义，重感情，但是办事会很没效率，有时候对时势也不能迅速准确地把握。好奇求异的人，性狂放不羁，运用权谋、诡计则卓异出众，但如果用平常的道德观念来看待，这种人往往是违背常规不近人情的。

我们在企业管理中遇到不同个性的下属，就要区别对待，用其长处，避其短处，不能一味纠缠于细枝末节。

曹操也曾说："有进取心的人，未必一定有德行。有德行的人，不一定有进取心。陈平有什么忠厚的品德？苏秦何曾守过信义？可是，陈平却奠定了汉王朝的基业，苏秦却拯救了弱小的燕国，原因就在于他们都发挥了各自的特长。"

陈平年轻的时候家境贫寒，他不喜欢下田劳动，都是兄长养着他，时间一长连嫂子都看不起他，甚至连老婆都讨不到。后来刘邦重用他的时候，还有人举报说他甚至还有与嫂子通奸、收受贿赂的劣迹。而且陈平是先投奔项羽，后因项羽要杀他，便又逃走转投刘邦的。可是，刘邦并没有因此而小看陈平，相反却比项羽还重用他。在后来的楚汉战争中，刘邦的许多奇谋妙计都出自陈平，并且在刘邦死后，陈平协助周勃诛灭诸吕，进一步巩固了汉王朝的基业。

苏秦是家喻户晓的人物，他先是到秦国游说秦惠王，出谋划策让他去统一天下；当他游说失败后，又转而到秦国的敌人那一方去游说——先是去燕国说服燕文侯，继而又说服了赵、齐、韩、魏、楚等国，身挂六国相印。像这种两头卖好的人，可说是无德之人。但是，他却可以使六国联合起来对抗强秦，六国也的确平安了数年。燕王如果不首先任用苏秦，那么弱小的燕国恐怕早就成了秦王案板上的鱼肉了。

所以说，在企业管理中，我们要善于用人所长，对于一些不关大节的过错尽量容忍宽恕，毕竟一无所长的庸人总是少数的，谁能善用人才，谁就可以做到更胜一筹。"泰山不择细壤，故能成其大"，说的就是这个道理。

这就要求管理者要善于装糊涂。当认识到超出掌控时，对事态的发展采取一种静观待变的态度，也叫"顺其自然"。我们所不能驾驭、不能强求的，就不要去勉强。人不可避免有其自身的局限，重要的是要认识这种局限，承认你有所不能。然后，在你力所能及的范围里，你就无所不能了。所以，换个角度来看，糊涂是大智慧，不是混日子。

不过，虽说装糊涂确实有益于我们的管理工作，但也不可时时糊涂、事事糊涂。糊涂和精明一样，隐忍退让和竞争进取一样，有它的作用，也有它的局限。过分的精明，是没有认识到自身的局限；过分的糊涂，是没有意识到自身的价值。积极竞争进取，难免不伤及左右；一味隐忍退让，又无端受人欺侮。所以，糊涂也应该有糊涂的原则。

1. 该糊涂的时候糊涂，不该糊涂的时候别糊涂。事关民众利益、个人气节的时候不应该糊涂；在损己害人、误事危身的时候，也不能糊涂。相反，如果只是关乎个人的利益、个人的荣辱，那么就无须锱铢必较、寸土必争、针锋相对。此时，宁可糊涂一点，忍让一点，放人一马，留一点余地。

2. 不刻意装糊涂。装糊涂并不是一种卑鄙或伪善。管理者一定要明白，糊涂不是愚蠢，而是一种智慧的运用。这种智慧是经过长期的养成、反复的自省、丰厚的积淀、勤奋的学习和刻苦的磨炼，而后才能获得的。有了这种智慧，才能大智若愚、大巧若拙。装糊涂并不是真的糊涂，而是在心静如水、明察秋毫的基础上所作出的一种明智的选择，是智慧的表现。这种糊涂是做出来的，是精心去追求，刻意达成的。这里所谓做出来，并非给人以欺骗，而是让人能够放心接受，坦然不疑。如果装得不像，那么难免露出形迹，仿佛居心叵测，令人望而生疑，避之唯恐不及。

3. 好学不辍，大事不糊涂。糊涂既是基于对自身局限的一种认识，又有其不得已的成分。一个人纵使天降大任，天纵奇才，也不可能免除局限性，因而也就难免于糊涂。知道自己不免于糊涂而不过分依赖自己的智能，固然是一种明智的表现，但是，不断加强学习以提高自己的认识水平，你就可以突破局限，少一些糊涂。特别是在不该糊涂的时候，就更能保持清醒的头脑。

为人处世，是精明一点好，还是糊涂一点好，各人有各人不同的答案。我们讲的糊涂并不是真的糊涂，而是大智若愚的技巧，避免一些弄巧成拙的尴尬。

作为管理者，有时糊涂一点、宽容一些，企业内部的亲和度就高。这样，企业就不单有了凝聚力、战斗力，也会有生命力，从而形成一个有机协调、不断成长的整体。

其实说到底，下属也是人，是人就免不了要犯错。管理者在对待下属的错误时，切忌将其一棒子打死，不给人丝毫改过的机会。有些时候，面对一些无关痛痒的小错，我们不妨就学学刘备，装装糊涂。须知，水至清则无鱼，人至察则无徒，管理一事也不能太过严格。

人非圣贤，孰能无过。与人相处过程中，难免产生纠纷、摩擦。如果紧盯着别人的缺点、过错不放，只会累人累己。聪明的人有度量，能容人，善于谅解别人，不在小事和无关紧要的事上斤斤计较，他们求大同存小异，于是经常能达到左右逢源、诸事遂愿的状态。古今中外，凡是能成大事的人都具有一种优秀的品质，就是能容人所不能容，忍人所不能忍，善于团结大多数人。这也是优秀管理者应当具备的品质。

诸葛计激老黄忠：树怕剥皮人怕气，与其请将不如激

激将法是孙子"三十六计"中一计，在生活中一直被广为应用。例如，教练常用激将法激励队员奋进，或是激怒对手使其陷入犯规战术；父母常用激将法引导孩子，使其朝着正确的方向发展；管理者常用激将法激起下属的斗志或引诱其进入自己的"圈套"，等等。老将黄忠，勇猛刚烈，但若直接派他上场，往往可能托大，倚老卖老，所以诸葛亮嘲笑他，老了不中用。结果黄忠被激得不行，上场后就开始发飙了。

面子问题不是小问题，几乎人人都爱惜自己的面子。人们努力赚钱，不断提高身份地位，扩大和加强自己的影响力，其中有一部分原因就是为了面子，或说自尊。爱面子的人的心理通常是这样：你说他不行，他偏要证明自己可以，绝对不让你看低。这是激将法得以在生活中广泛使用的心理基础。

聪明的管理人员会利用下属爱面子的心理，适当运用激将法，使他们产生偏要干好的心理，从而让下属完成好交代的任务。比如，管理者可以淡淡地说："这个设计太难了，我估计搞不定，你如果也不行的话我找别人做吧。"就为证明自己，你的下属肯定会想方设法努力做好了。

现如今，激将法已经成为管理学中的一个常用策略。依据心理学原理，个人行为动力源于其各种需要。当某种需要在人们的大脑中形成以后，就会转化为具体的动机，从而引发出某种特定的行为。而我们所谓的激将法，就是对实现需要动机的强化。管理者通过激将法刺激下属，借以最大化地调动下属的主观能动性，使其个人才能发挥出最大效用，并更迅速、更圆满地实现我们的管理目标。

这方面诸葛亮也称得上是一代高手。他的政治生涯中，曾激过关羽，激

过张飞，激过黄忠；激过赵云、魏延，可以说，蜀中大将几乎被他激了个遍，当然，其中最出名的莫过于定军山激黄忠。黄忠、严颜破张郃，守住天荡山，捷音飞报成都。刘备听了，聚众将庆喜。法正曰："昔日曹操降张鲁，定汉中，不趁此机会图巴、蜀，只留夏侯渊、张郃二将屯守，而自引大军北还。此失计也。今张郃新败，天荡失守，主公若乘此时，举大兵亲往征之，汉中可定也。既定汉中，然后练兵积粟，伺机而动，进可讨贼，退可自守。此天赐良机，不可失也。"刘备、孔明皆深以为然，于是传令赵云、张飞为先锋，玄德与孔明亲自引兵十万，择日图汉中；传令各处，严加提备。

建安二十三年，刘备大军出葭萌关下营，召黄忠、严颜到寨厚赏。刘备曰："人皆言将军老矣，唯军师独知将军之能。今果立奇功。但今汉中定军山，乃南郑保障，粮草积聚之所；若得定军山，阳平一路，无足忧矣。将军还敢取定军山否？"黄忠慨然应诺，便要领兵前去。孔明连忙制止曰："老将军虽然英勇，然夏侯渊非张郃之比。夏侯渊深通韬略，善晓兵机，曹操倚之为西凉藩蔽：先曾屯兵长安，拒马超；今又屯兵汉中。曹操不托他人，而独托夏侯渊，就是因为夏侯渊有将才也。今老将军虽然胜了张郃，但未必能胜夏侯渊。我欲选一人去荆州，替回关将军来，方可敌之。"黄忠奋然答道："昔廉颇年八十，尚食斗米、肉十斤，诸侯畏其勇，不敢侵犯赵界，何况黄忠未及七十乎？军师说我老，我如今不用副将，只带本部三千人马前去，立斩夏侯渊首级，纳于麾下。"孔明再三不肯，黄忠则非要去不可。孔明只好说："既然老将军一定要去，我派一人为监军同去，如何？"黄忠同意。

孔明又吩咐道："我教法正助你，凡事计议而行，我随后拨人马来接应。"黄忠应允，和法正领本部兵去了。黄忠走后，孔明对刘备说："此老将不用言语激他，虽去不能成功。他今既去，须拨人马前去接应。"于是唤出赵云，说道，"你带一支人马，从小路出奇兵接应黄忠。若忠胜，不必出战；倘忠有失，即去救应。"又遣刘封、孟达领三千兵在山中险要之处多立旌旗，以壮兵势，迷惑曹军。

却说黄忠逼到定军山下，与法正商议。法正以手指示道："定军山西，巍然有一座高山，四下皆是险道。立于此山之上足可俯瞰定军山之虚实。老将军若得此山，定军山则唾手可得。"黄忠顺势看去，只见此山山头稍平，山上有少许人马。当夜二更，黄忠引军士鸣金击鼓，直杀上山顶。此山只有夏侯渊部将杜袭守把，所驻兵马不过数百余人。当时见黄忠大队拥上，只得弃山而走。黄忠得了山顶，正与定军山相对。法正曰："将军可守在半山，我居山顶，待夏侯渊兵至，我举白旗为号，将军却按兵勿动；待他倦怠无备，我举起红旗，将军便下山击之，以逸待劳，必当取胜。"黄忠闻言大喜，依言而行。

那边杜袭引军逃回，来见夏侯渊，说黄忠夺了对山之事。夏侯渊大怒："黄忠占了对山，不容我不出战。"张郃谏曰："此乃法正之谋也。将军不可出战，只宜坚守。"夏侯渊不听："占了我军对山，观我军虚实，如何不出战？"张郃苦谏，奈何夏侯渊只是不听。夏侯渊分军围住对山，大骂挑战。法正在山上举起白旗；任夏侯渊百般辱骂，黄忠只是不出战。午时以后，法正见曹兵倦怠，锐气已堕，多下马坐息，乃将红旗招展，鼓角齐鸣，喊声大震。黄忠一马当先，驰下山来，犹如天崩地塌之势。夏侯渊措手不及，被黄忠赶到麾盖之下，大喝一声，犹如雷吼。渊未及相迎，黄忠宝刀已落，连头带肩，砍为两段。后人有诗赞黄忠曰："苍头临大敌，皓首逞神威。力趁雕弓发，风迎雪刃挥。雄声如虎吼，骏马似龙飞。献馘功勋重，开疆展帝畿。"正所谓"树怕剥皮，人怕激气"，激将法说白了就是管理者激励或说服下属的一种策略，是通过巧妙利用下属的自尊心及逆反心理，以"刺激"唤醒被说服者的不服输心理，令他去做一些平时不会做的事情，借以达到自己的预期目的。倘若孔明不是一番言语刺激，老将黄忠真的未必能斩下夏侯渊的首级。

常言说"请将不如激将"，我们在管理下属的过程中，不妨设法借助刺激的力量，调动对方的积极性，让对方心甘情愿地为自己"服务"。

不过在使用激将法时，我们还需要注意以下几点。

1. 针对明确。运用激将法，必须掌握好激励对象的性格、当时的环境以及条件，不可一味滥用。譬如，对于好胜心强、性格直爽的人，我们可以采用此法；但对于那些性格敏感，受不了"刺激"的人，我们最好斟酌用词，以免适得其反。

2. 分寸把握得当。"激"的分寸有讲究，既不可操之过急，亦不可行之过缓。过急，容易被人猜透，不会就范；过缓，不足以激起对方的求胜心，无法达到预期的目的。

3. 给予适当的奖励。当下属在你的刺激下出色完成了工作任务以后，应给予一定的精神或物质奖励，让下属感受到你的重视，进一步增强他的成就感，以便下一次更好地完成任务。

总而言之，在使用激将法时，管理者必须把握一个合适的度，让下属在心理上能够接受，这样才能达到激励的效果。倘若管理者的激励措施令下属不满意，那么就会产生负面影响，甚至会挫伤下属的士气。这就要求管理者必须提高自身修养，正确、灵活地运用激将法，从而最大限度地调动起下属的能动性和创造性，实现自己的管理目标。

法则六：奖惩分明，一身正气得人心

这个世界上有才的人很多，可再有才，用得不是地方也会出错。倘若这时候领导者只图一时心切，不在人面前摆明自己公正严明的做派，必然会犯只为挽回一人之心而疏远众人所望的低级错误。正所谓"天子犯法与庶民同罪",想成就霸业就必须以严明法制来彰显自己一视同仁的奖惩原则,并以此来管理人才、经营人才,只有这样自己的贤明才能名扬四海,聚拢的能人方才囊括九州。

曹操厚待关云长:行赏赐以利驭人,施厚恩以结其心

有道是"欲取先予",舍小才能求大。在企业经营过程中,管理者不能只想着自身利益,而忽视对人才的重视。这世上,任何一笔成功交易都是互惠互利的,雇佣关系也是一样,你只有给予人才相应的报酬,他才能够为你发挥最大效用。曹操在招揽人才时,是不惜花大价钱的,这也确实令他手下"猛士如云""谋士如雨",只是在招揽关羽时,他栽了个小跟头,不是他的策略行不通,只因为那是关羽关云长。

唐代大文学家韩愈在其《马说》中说道:"马之千里者,一食或尽粟一石。食马者不知其能千里而食也。是马也,虽有千里之能,食不饱,力不足,才美不外见,且欲与常马等不可得,安求其能千里也?"意思是说,有些时候,千里马一顿就能吃下一石的食物,而马夫却不晓得它有这样的特点,所以喂不饱它。因而,它虽然有日行千里的潜力,但忍饥挨饿自然力量不足,它的本领和潜能也就无法显现出来。这样一来,想它和普通马一样尚且不可能,还怎么能够要求它日行千里呢?

在这里,韩愈委婉地提出了千里马的"待遇"问题——如果待遇不好,即便有千里之能,也无法发挥。人们常将人才比作千里马。企业的发展需要

人才来支撑，那么如何才能留住人才，发挥他的千里之能，这很值得领导者思考。显然，"又想马儿快快跑，又想马儿不吃草"的做法是绝对行不通的。想要人才为我所用，发挥其最大的效用，就必须为其创造良好的发展环境，提供良好的工作待遇。

曹操在这方面做得就非常好，他从来不吝啬赏赐，这是张辽的功，好，赏张辽；这是许褚的功劳，好，赏许褚……也正因如此，他手下那帮谋臣武将对其是忠心耿耿，甘为其赴汤蹈火。曹操厚待人才这一点在关羽身上最能体现。《三国演义》中是这样写的：刘备兵败，战乱中径投袁绍而去，兄弟由此失散，关羽保护刘备全家老小，死守下邳城。曹操领兵围城，欲说动关羽为己效力。在张辽等人的轮番劝说下，关羽与曹操约定三事："一者，吾与皇叔设誓，共扶汉室，吾今只降汉帝，不降曹操；二者，二嫂处请给皇叔俸禄养赡，一应上下人等，皆不许到门；三者，但知刘皇叔去向，不管千里万里，便当辞去。"

约定妥当，关公引数十骑来见曹操。曹操亲自出辕门相接。关公下马入拜，曹操慌忙答礼。关公曰："败兵之将，深感不杀之恩。"曹操曰："吾素来倾慕云长之忠义，今日有幸得见，足以慰平生也。"关公问道："张文远代禀三事，蒙丞相应允，想必不会食言吧？"曹操曰："我一言既出，驷马难追，怎会食言？"关公曰："关某若知皇叔所在，虽蹈水火，必往从之。那时恐不及拜辞，伏乞见谅。"曹操曰："玄德若在，必从公去；但恐乱军中亡矣。公且宽心，尚容我打听打听。"关公拜谢。曹操设宴相待。次日班师还许昌。关公收拾车仗，请二嫂上车，亲自护车而行。于路安歇馆驿，操欲乱其君臣之礼，使关公与二嫂共处一室。关公乃秉烛立于户外，自夜达旦，毫无倦色。曹操见关公如此，愈加敬服。既到许昌，操拨一府与关公居住。关公分一宅为两院，内门拨老军十人把守，关公自居外宅。

曹操引关公朝见汉献帝，汉献帝封关公为偏将军。关公谢恩归宅。曹操次日设大宴，会众谋臣武士，以客礼待关公，使其居于上座，又备绫锦及金银器皿相送。关公都送与二嫂收贮。关公自到许昌，曹操待之甚厚：小宴三日，大宴五日；又送美女十人，使侍关公。关公尽送入内门，令服侍二嫂，却又三日一次于内门外躬身施礼，动问二嫂安否。二夫人回问刘备之事毕，说"叔叔自便"，关公方敢退回。曹操闻之，又叹服关公不已。

一日，曹操见关公所穿绿锦战袍已旧，即按照其身材，取异锦做战袍一领相赠。关公受之，穿于衣底，上仍用旧袍罩之。曹操笑曰："云长何如此节俭？"关公曰："我非俭也。旧袍乃刘皇叔所赐，我穿之如见兄面，不敢以丞相之新赐而忘兄长之旧赐，故穿于上。"曹操叹曰："真义士也！"然而，口中虽称赞，心里实在不是滋味。一日，关公在府，忽报："内院二夫人哭倒于地，不知为何，请将军速入。"关公乃整衣跪于内门外，问二嫂为何悲泣。甘夫人曰："我夜梦皇叔身陷于土坑之内，觉来与糜夫人论之，想在九泉之下矣！是以相哭。"关公曰："梦寐之事，不可相信，此是嫂嫂想念之故。请勿忧愁。"

正说间，曹操命使来请关公赴宴。关公辞别二位嫂嫂，去见曹操。曹操见关公有泪容，问其故。关公曰："二位嫂嫂思兄痛哭，不由我心不悲。"曹操笑着劝解，频频以酒相劝。关公醉，自绰其髯而言曰："生不能报国家，而背其兄，徒为人也！"曹操问曰："云长髯有数乎？"公曰："约有数百根，每年秋季约退三五根。冬月多以皂纱囊裹之，恐其断。"曹操以纱锦做囊，与关公护髯。

又一日，曹操请关公吃宴。临别之时，曹操亲自送关公出府，见关公马瘦，曹操问："公马因何而瘦？"关公曰："贱躯颇重，马不能载，因此常瘦。"曹操于是令左右备一马来。须臾牵至，只见那马身如火炭，状甚雄伟。曹操指着马问道："公识此马否？"关公曰："莫非吕布所骑赤兔马乎？"曹操曰："然也。"遂将鞍辔一起送与关公。关公再拜称谢。曹操不悦，说道："我累次送君美女金帛，公未尝下拜；今吾赠马，乃喜而再拜。何贱人而贵畜耶？"关公曰："吾知此马日行千里，今有幸得之，倘若知道兄长下落，可一日而见面矣。"曹操愕然而悔。关公辞去。

结果，关公最终还是挂印封金，过五关斩六将，离曹操而去。不过，曹操的这一番苦心也没有白费，华容道上，关羽感曹操知遇之恩，不是放了曹操一干人的性命吗？后人每每读到此段，总是会对关公的忠义赞慕不已，但是作为管理者，我们更应去学习曹操对待人才的态度。从此事我们便可看出，曹操是非常懂得赏罚的妙用的，极擅长用奖励来拉拢部下之心，他甚至能够让部下觉得封赏过厚、受之有愧，而愈加为他卖力。只不过，他遇到的偏偏就是关羽。

我们通常说"舍不得金弹子打不得金凤凰"。对于留住人才来说，道理都是一样的。有些遗憾的是，很多管理者因为各种因素对人才未免有些过于吝啬，不能给予他们相应的待遇以及充分发展的平台，因而造成了人才流失，这对于企业而言无疑是一种难以弥补的损失。

"21世纪什么最贵？人才"，这句话出自电影《天下无贼》，一语赢得满堂彩。葛优扮演的黎叔那幽默但不失严肃的话语，也很值得我们认真思索。如何让人才心理平衡，心甘情愿地为自己做事，这是管理者必须思考的问题。

一个人在成为人才的过程中，需要付出很多，包括物质、精力等。他们"充耳不闻窗外事"那么多年，为的就是有朝一日出人头地，倘若往昔的努力不能得到应有的回报，他们的心里怎能平衡？

所以管理者在考虑人才待遇时，应注意体现知识的价值。据说，国外某企业一台大型电机出现故障，技术人员花费很长时间都没有修好，无奈他们请来了一位机电专家。机电专家检视一番，然后在电机上画了一条线，让技术人员将电机打开，将画线处的线圈减去16圈，于是电机恢复了正常。事毕，企业支付专家1万美元的报酬，按专家的解释——画一条线=1美元，知道线在哪儿画=9999美元——这就是知识的价值！管理者在招揽人才的过程中，必须注意体现知识的价值，这是对知识的尊重，更是对人才的尊重。

当然，体现知识价值的方法有很多，但最直接也是最实际的方法就是给予人才相应的薪酬待遇。在市场经济的环境下，薪资是引导人才流向、控制人才流量最有力的保证。在以往的20年中，香港著名企业家李嘉诚旗下的长江实业集团是香港所有大企业中人员变动最小的公司，其高层管理人员的流失率更是不足1%。他是怎么做到的呢？李嘉诚坦言："第一给他良好的待遇；第二给他良好的前途。"待遇尚在前途之上，可见它对人才的重要性。虽然这待遇并不完全是指薪资，但毫无疑问，薪资就是待遇的核心问题。所以，管理者若想人才能够为我所用，就不要让自己太小气。

另一方面，管理者也不要忽略对下属情感的拉拢。在一些小事上，给予下属足够的关怀，这些小事可能对你而言只是举手之劳，但却足以令下属记住你的好。

管理者需要认识到，调动员工的积极性，激发他们的热情和干劲，光会说一些漂亮话、光是单一的奖励，还是不够的。配合实际行动，不失时机地显示你的关心和体贴，无疑是对下属的最高赞赏。这种方法可以在下列场合中收到最好的效果。

小事往往是成就大事的基石，这两者之间是相互联系、相互影响、相辅相成的。管理者要善于处理好这两方面的关系，使两者相得益彰。

1. 记住下属的生日，在他生日时表示祝贺。每个人都重视自己的生日，一般人都是与家人或知心朋友一起庆祝生日。有心的管理者会提前了解到这些信息，向员工送去祝贺或使自己成为庆祝的一员。上司能记住自己生日甚至亲自为自己庆贺，这会给下属留下极其难忘的印象。或许下属当时体味不出来，而一旦换了领导有了差异，他自然而然地会想到你。

给下属庆祝生日，也花不了多少钱，可以发点奖金、买个蛋糕、请吃顿饭，甚至送一束花，效果都很好，乘机献上几句赞扬和助兴的话，更能起到锦上添花的效果。

2. 下属住院时，管理者最好亲自探望。有些管理者就不重视探望下属，其实下属此时是"身在曹营心在汉"，虽然住在医院里，却惦记着领导是否会来看看自己。如果领导不来，对他来讲简直是不亚于一次打击，不免会嘀咕："平时我干了好事他只会没心没肺地假装表扬一番，现在我死了他也不会放在心上，真是卸磨杀驴。没良心的家伙！"

3. 关心下属的家庭和生活。家庭幸福和睦、生活宽松富裕无疑是每个人干好工作的保障。如果员工家里出了事，或者生活负担非常重，管理者却完全不了解或视而不见，那么对下属再好的称赞也可能显得假惺惺的。

4. 抓住欢迎和送别的机会表达对下属的关心。调换下属是常常碰到的事情，粗心的管理者总认为不就是来个新手或走个老部下吗？来去自由，愿来就来，愿走就走。这种思想很不可取。

以自己的实际行动，不失时机地在一些小事上显示你的关心和体贴，无疑是对下属的最高赞赏，也是调动其积极性、激发职员的热情和干劲的绝佳手段。

随时关心员工的愿望，洞悉员工的不满，以员工利益代表人的身份，将他们的愿望和不满正确反映给管理者，为实现员工的合理利益而努力。

得到关心和爱护是人的精神需要。它可沟通人们的心灵，增进人们的感情，激励人们奋发向上，挖掘人们的潜力。作为一个企业管理者，对下属应关怀备至，创造一个和睦、友爱、温馨的环境。员工生活在团结友爱的集体里，相互关心、理解、尊重，会产生兴奋、愉快的感情，有利于开展工作。相反，如果员工生活在冷漠的环境里，就会产生孤独感和压抑感，情绪会低沉，积极性会受挫。

儒家学派的创始人孔子提出的"仁",主张的"施仁政",强调国家的统治者要像爱护亲属一样地对待臣民,道理即在其中。著名军事家孙武则要求将帅一定要爱护士兵。他在《地形篇》中分析道:"视卒如婴儿,故可以与之赴深溪;视卒如爱子,故可与之俱死。"如果将帅们能像对待自己的爱子一样对待士卒,就能取得士卒的信任,使之甘愿追随自己赴汤蹈火,这样的军队就无往而不胜。管理者若有如此做法,也将得到下属的信任,使之提高工作效率,以期达到工作目标。

就如今的形势而言,多是下属在挑企业,而不是企业挑下属,用压低下属薪资增加利润的做法,显然已经行不通了。企业管理者若是求才若渴,若是希望自己看中的人才能够为我所用,首先就应该从提高下属待遇入手,这样才能保证企业健康、快速、持续地发展。另一方面,我们必须学会从小事上关心下属,中国式管理首先得做一个有心之人,留心观察,细心思考。如果管理者能在许多看似平凡的时刻,勤于在细小的事情上与下属沟通感情,经常用"毛毛细雨"去灌溉员工的心灵,下属会像禾苗一样生机勃勃、水灵灵、茁壮成长,最终必然结出丰硕的果实。

铜雀台武将射袍:出手不必太阔绰,如何赏罚心有数

人力资源素质是决定企业核心竞争力的关键性因素,企业如能建立一套合理灵活的薪酬制度,那么必能挽留人才、吸引人才,从而使企业发展壮大。曹操激励下属的手段是非常高明的,从铜雀台众武将射袍一事上,我们便可看出其在"激"与"赏"上面的把握是何其高明。

我们正处在一个充满竞争的时代，管理者必须重新界定自己和企业的地位。无论你的企业是盈利的或非盈利的，都必须面对高利润企业的高效率竞争，若不及时反省管理原则，随时都有可能惨遭淘汰。

管理者应向部属说明企业竞争力的重要性。强有力的竞争可以促使员工发挥高效能的作用。因此，在对下属的管理中，引入竞争的机制，让每个人都有竞争的意识并能投入竞争之中，组织的活力就永远不会衰竭。

心理学实验表明，竞争可以增加一个人50％或更多的创造力。每个人都有上进心、自尊心，耻于落后。竞争是刺激他们上进的最有效的方法，自然也是激励员工的最佳手段。没有竞争，就没有活力、没有压力，组织也好、个人也好，都不能发挥出全部的潜能。

美国企管专家认为，没有竞争的后果的主要原因有：一是自己决定唯一的标准；二是没有理由追求更高的目标；三是没有失败和被他人淘汰的顾虑。

当前，我们许多企业办事效率不高、效益低下，员工不求进取、懒散松懈，从根本上说，是缺乏竞争的结果。鉴于此，要千方百计将竞争机制引入企业管理中。只有竞争，企业才能生存下去，员工才能士气高昂。

竞争的形式多种多样，例如，进行各种竞赛，如销售竞赛、服务竞赛、技术竞赛等；公开招投标；进行各种职位竞选；用几组人员研究相同的课题，看谁的解决方式最好，等等。还有一些"隐形"的竞争，如定期公布员工工作成绩，定期评选先进分子等。你可以根据本企业的具体情况，不断推出新的竞争方法。

我们来看看，曹操是怎样激励下属相互竞争的。话说曹操欲观武官比试弓箭，便令近侍将西川红锦战袍一领挂于垂杨枝上，下设一箭垛，以百步为界，分武官为两队：曹氏宗族俱穿红，其余将士俱穿绿，各带雕弓长箭，跨鞍勒马，听候指挥。曹操传令："有能射中箭垛红心者，即以锦袍赐之；如射不中，罚水一杯。"

号令方下，红袍队中，一个少年将军骤马而出，众人视之，乃是曹休。曹休飞马往来，奔驰三次，扣上箭，拽满弓，一箭射去，正中红心。金鼓齐鸣，众人皆喝彩。曹操于台上望见大喜，曰："此吾家千里驹也！"正欲使人取锦袍与曹休，只见绿袍队中，一骑飞出，叫道："丞相锦袍，应该让我们外姓先取，宗族中不宜搀越。"曹操视其人，乃文聘也。众官曰："且看文仲业射法。"文聘拈弓纵马一箭，也中红心。众人又喝彩，金鼓乱鸣。文聘大呼："快取袍来！"话音一落，红袍队中又一将飞马而出，厉声道："文烈先射，你为何争夺？看我与你两个解箭！"于是拽满弓，一箭射去，也中红心。众人齐声喝彩。视其人，乃曹洪也。曹洪方欲取袍，绿袍队里又一将出，扬弓叫道："你三人射法，何足为奇！看我射来！"众人视之，乃张郃也。张郃飞马翻身，背射一箭，也中红心。四支箭齐齐地钉在红心里。众人都道："好射法！"张郃曰："锦袍须该是我的！"言未毕，红袍队中一将飞马而出，大叫："汝翻身背射，何足称异！看我夺射红心！"众视之。乃夏侯渊，夏侯渊骤马至界口，扭回身一箭射去，正在四箭当中，金鼓齐鸣。夏侯渊勒马按弓大叫："此箭可夺得锦袍吗？"只见绿袍队中一将应声而出，大叫："且留下锦袍与我徐晃！"夏侯渊："汝更有何射法，可夺我袍？"徐晃曰："汝夺射红心，不足为异。看我单取锦袍！"拈弓搭箭，遥望柳条射去，恰好射断柳条，锦袍坠地。徐晃飞取锦袍，披于身上，骤马至台前曰："谢丞相袍！"曹操与众官无不称羡。徐晃才勒马要回，猛然台边跃出一个绿袍将军，大呼："你将锦袍哪里去？早早留下与我！"众视之，乃许褚。徐晃曰："袍已在此，汝何敢强夺！"许褚也不回答，竟飞马来夺袍。两马相近，徐晃便拿弓打许褚。许褚一手按住弓，把徐晃拖离鞍鞯。徐晃急忙弃了弓，翻身下马，许褚亦下马，两个揪住厮打。曹操急忙使人劝开。那领锦袍已经被扯得粉碎。曹操令二人都上台。徐晃睁眉怒目，许褚切齿咬牙，各有相斗之意。曹操笑曰："吾欲考察汝等之勇猛，岂会吝惜一锦袍？"便教诸将尽都上台，各赐蜀锦一匹，诸将个个称谢。曹操命各将依位次而坐。乐声竞奏，水陆并陈。文官武将轮次把盏，觥筹交错。我们从铜雀台射袍的赛况来看，非宗亲一队的武艺要略微高于红袍队。这是情理之中的事情，那绿袍队乃是从天下精英中选拔而出的，而红袍队无非是曹操宗族中的佼佼者，前者的系数远远大于后者。不过，红袍队的表现也很是令人满意了。由此可以看出，曹操在赏罚这一方面是非常公道的，即便是自己的宗亲，倘若武艺不济，也不会得到重用，所以宗族将领们平时也会下苦功夫练习武艺。

我们再看曹操调解徐晃和许褚纷争的手段，真是老练到家了。其实曹操考核众武将之前，或许就已经预料到了这种场面，甚至他想象的可能比这还要严重——也许是整个绿袍队与红袍对争执起来。倘若这三种场面不加以调节，那势必会影响团队的凝聚力与向心力，所以他一开设计奖品就有门道——"好看不贵"，就算每人给一件也无所谓，重要的是还让人觉得这东西倍有面子，于是他选择了赐锦袍。丞相赐的锦袍嘛，这与皇帝赏赐黄马褂是一个道理，东西不贵，但价值高。于是当徐晃和许褚打起来以后，他干脆故作大方，每人赏赐一件，就这么简单，矛盾化解了，激励的目的也达到了，曹操的"奸雄"之名还真不是白给的。

曹操的竞争与奖励策略，就当时的情况而言，是非常高明的，但他那种"和稀泥"的做法，现代管理者则不应效仿。对于现代管理者而言，首先需要注意的，就是竞争的科学、合理问题，要防止不正当竞争，培养团队精神。有些竞争不但不能激励下属，反而挫伤了下属士气，这是万不可用的。

须知，竞争中任何一点不公正都会使竞争的光环消失，如同一场裁判偏袒一方的足球赛。如竞选某一职位，下属知道领导早已内定，还会对竞选感兴趣吗？如进行销售比赛，对完不成任务的下属也给奖励，能不挫伤先进下属的积极性吗？失去了公正，竞争就失去了意义，只有公正才能达到竞争的目的。

大体上说，现代管理者在运用奖罚策略时要注意以下几点。

1. 相互结合，不可分割

奖励和惩罚虽然是激励的两种不同的手段，但在实施时常常是密切相连，不可分割的。有奖有罚，有罚有奖，先奖后罚，先罚后奖，奖中有罚，罚中有奖，多奖少罚，少奖未罚，如此等等，都是我们日常激励实践中经常遇到和运用的。任何地区、任何单位，为了调动人们的积极性，为了规范人们的行为，必须同时制定奖励和惩罚条例，并保证严格实行，不得轻视或取消任何一方。为了保证激励对大家都有作用，在赏罚时，要将赏罚的标准和受赏罚对象的情况向集体成员实事求是地介绍，并施以大家能接受的赏罚形式，帮助大家正确认识赏罚的目的和作用。只有这样才能起到奖励一人，带动全体；处分一人，教育一片的目的。

2. 以赏为主，以罚为辅

在奖惩的实践中，要有主有辅，有重有轻，不可同等对待，平分秋色。一般来说，奖励的次数宜多，惩罚的次数宜少；奖励的气氛宜浓，惩罚的气氛宜淡；奖励的场合宜大，惩罚的场合宜小；奖励宜公开进行，惩罚宜个别进行；可奖可不奖者，奖，可罚可不罚者，不罚；在制定奖励和惩罚条例时，要考虑到人们的期望值和承受力。奖，经过努力也达不到，罚，经过努力也难免，这样的奖惩条例不能达到激励的目的。在对人们行为进行考察时，要着眼于发掘人们的长处和优点，而尽量淡化和忽略人们的短处和缺点。日本的许多经理都指出："工人的缺点知道得越少越好。我们要知道的是他们能做些什么和他们的优点。"正是在这种激励的氛围中，日本人把公司视为自己的生命，把自己和公司联为一体，几乎没有人想和公司分离。日本人的这些思想和行为对我们来说是有很大启示的。

3. 不要拿下属做比较

在表扬或批评的实践中，我们常常会发现这种情况：在表扬某某的长处时，常常提醒另一个人，把他的行为和受表扬者的行为相比较，希望他向先进学习；在批评某一人时，也举另一人的事例做对比，希望大家从中受到教育。从激励执行者的角度来看，这也许是不错的，"赏一以劝百，罚一以惩众"，古人的话是有道理的。这是从赏罚的总体效应上来说的，受奖受罚者总不是大多数。问题在于用什么方法来达到这个目的。人们为什么会在奖励或惩罚后受到教育和鼓舞呢？就是他们在拿自己的行为或成果与受奖或受罚者的行为或成果相比较，这种比较是自觉自愿地私下个别地进行的。如果执法者在公开场合将其他人与受奖者与受罚者相比较，无异于将他的行为公开曝光，这实际上是一种变相的惩罚，势必引起当事人的不满，影响了激励效应的正常发挥。正确的做法是，在实施奖励或惩罚时，充分地说明受奖或受罚者的情况，使大家从中受到教育和鼓舞。如有的特别需要提醒，可用含糊的、婉转的、善意的暗示予以表明，不必指出具体的人名来。

4. 适度的宽容

对未受表扬者特别是受批评者需要宽容、谅解和关心，这是十分必要的，但是，过了度就会适得其反。

教育学家苏霍姆林斯基曾举过这样一个例子："我曾在地理课上看到过一次这样'帮助'的最强烈的反应。七年级的学生须按照暗射地图回答问题。可是有一个女生因前一时期病了好久，教师允许她照普通地图回答提问。女生打开地图挂起来，开始前言不对后语地回答，随后就大哭起来。教师降低要求使她大受委屈。她以后对地理老师不信任，那位老师做出了很大努力才恢复了正常的关系。"

教师的一片好心，为什么没能够收到好结果呢？问题就在于教师忽略了学生的自尊心和自豪感，使其人格受到侮辱。不论是奖励或是惩罚，都不要使接受对象感到自己的人格受到伤害。特别是当我们对人们表示宽容的谅解时，要使人们感受到自己是在受到真正关心和爱护，而不是接受超越正常人的怜悯和恩赐。

另外，赏罚的方法多种多样，管理者的言行举止既是下属获取信息的来源，其实也是赏罚的方式。除了金钱以外，晋升、带薪休假、委以重任、提供培训发展机会、表扬、解雇、降职、批评等都是不可或缺的方法。对于不同的下属和不同的情况应该采取不同的方式。例如一个刚从大学毕业的学生来到一个新的岗位上，对他而言，在工作中学到东西可能是最重要的。所以对他最好的激励就是委以重任和提供培训与发展机会。而对于一个工作近二十年的老下属而言，他可能更多地考虑他将来的生活保障，所以福利、保险计划等金钱激励恐怕是更合适于他的方式。单一的赏罚方式往往只能使少数人受到激励或惩戒，而多种赏罚方式综合地、有针对性地运用则能使下属的正确行为获得最大限度的强化。

此外管理者需要注意，凡是竞争激烈的地方，经常发生不正当竞争，如，不再对同事工作给予支持，背后互相攻击、互相拆台；封锁消息、技术、资料；在任何事情上都成为水火不相容的"我们和你们"；采取损害团队整体利益的方法竞争等，这些竞争势必破坏团队精神。团队的成功依赖于全体成员的团结、目标一致，而不正当的竞争足以毫不含糊地毁掉一个组织。

为了避免不正当竞争的弊端，我们一是要进行团队精神塑造，让大家明白竞争的目标是团队的发展，"内耗"不是竞争的目标；二是创造一个附有奖励的共同目标，只有团结合作才能达到；三是对竞争的内容、形式进行改革，剔除能产生彼此对抗、直接影响对方利益的竞争项目；四是创造或找出一个共同的威胁或"敌人"，如另一家同行业的公司，以此淡化、转移团队成员间的对抗情绪；五是直接摊牌，立即召见相关方面把问题讲明白，批评彼此暗算、不合作的行为，指出从现在开始，只有合作才能受到奖励，或者批评不正当竞争者，表扬正当竞争者。

不可否认，竞争确有负面的影响，尤其在员工素质较差时，可能会出现一种无序的恶性竞争或不良竞争，影响企业的发展。但竞争的好处是显而易见的，利大于弊，领导者还是大胆地鼓励竞争吧！只有平庸的员工才害怕竞争。

孔明挥泪斩马谡：彰显领导公正心，惩罚严明无亲疏

"公开、公正、适度、合理"。这是赏罚策略的中心所在，而要做到这四点，管理者就必须摒弃私心，要"赏罚不避亲仇"，方能彰显赏罚的公正性。孔明挥泪斩马谡，这便让我们看到了领导者公正无私的一面。

领导者只有一碗水端平，做到唯才是用，赏罚不避亲仇，才能为自己树立威严，彰显自己的公正性，令下属由衷地折服。

要达到赏罚分明，公平、公正是前提和根本原则。管理者要做到对事不对人，把个人感情暂且抛开，才能发挥赏罚的本来功能。所以，无论这个下属跟你的关系有多好，或者是水火难容，在他犯下错误或做出成绩时，管理者都要一视同仁，该奖则奖，该罚则罚。

诸葛亮挥泪斩马谡，这是"三国"中著名的桥段，马谡虚有其表、好大喜功，又不纳人言，贸贸然葬送了诸葛亮的北伐大计，他的死可以说是咎由自取。只是诸葛亮那一哭一叹，更显凄婉，亦让我们看到了这位蜀国领导者公正无私的一面。话说孟达被乱军所杀，司马懿撤兵到长安，见了魏主，同

张郃引兵出关,来拒蜀军。孔明闻之大惊,说道:"孟达做事不密,死固当然。今司马懿出关,必取街亭,断吾咽喉之路。"接着又问,"谁敢引兵去守街亭?"话音一落,参军马谡应言道:"某愿往。"孔明曰:"街亭虽小,干系重大:倘若街亭有失,吾大军皆休矣。汝虽深通谋略,此地奈无城郭,又无险阻,守之极难。"马谡曰:"某自幼熟读兵书,颇知兵法。岂一街亭不能守?"孔明曰:"司马懿非等闲之辈;更有先锋张郃,乃魏之名将:恐汝不能敌之。"马谡曰:"莫说司马懿、张郃,就便是曹叡亲来,有何惧哉!若有差失,斩我全家。"孔明曰:"军中无戏言。"马谡曰:"愿立军令状。"孔明从之,马谡遂写军令状呈上。孔明曰:"吾与汝二万五千精兵,再拨一员上将,相助于你。"随即唤王平吩咐道,"吾素知汝平生谨慎,故特以此重任相托。汝可小心谨守此地,下寨必当要道之处,使贼兵不能偷过。安营既毕,便画四至八道地理形状图本来我看。凡事商议停当而行,不可轻易。如所守无危,则是取长安第一功也。戒之!戒之!"二人拜辞引兵而去。

却说马谡、王平二人兵到街亭,看了地势。马谡笑道:"丞相何故如此谨慎?量此山僻之处,魏兵也不敢来!"王平曰:"虽然魏兵不敢来,可就此五路总口下寨;令军士伐木为栅,以图长久之计。"马谡曰:"当道岂是下寨之地?此处侧边一山,四面皆不相连,且树木极广,此乃天赐之险,可就山上屯军。"王平曰:"参军差矣。若屯兵当道,筑起城垣,贼兵总有十万,不能偷。今若弃此要路,屯兵于山上,倘魏兵骤至,四面围定,将如何应对?"马谡大笑:"汝真女子之见!兵法云,凭高视下,势如劈竹。若魏兵到来,吾教他片甲不回!"王平曰:"吾久随丞相经战阵,每到之处,丞相尽意指教。今观此山,乃绝地也!若魏兵断我水道,军士将不战自乱。"马谡曰:"汝莫乱说!孙子云,置之死地而后生。若魏兵绝我水道,蜀兵岂不死战?以一可当百!吾素读兵书,丞相诸事尚问于我,汝为何相阻!"王平曰:"若参军欲在山上下寨,可分兵与我,我自于山西下一小寨,为掎角之势。倘若魏兵至,可以相应。"马谡不从。忽然山中居民，成群结队，飞奔而来，报说魏兵已到。王平欲辞去。马谡曰："汝既不听吾令，与汝五千兵自去下寨。待吾破了魏兵，到丞相面前须分不得功！"王平引兵离山十里下寨，画成图本，星夜差人去禀孔明。

这边司马懿回到寨中，叫人打听是何将引兵守街亭。回报曰："乃马良之弟马谡也。"司马懿大笑："徒有虚名，乃庸才耳！孔明用如此人物，如何不误事！"又问，"街亭左右别有军否？"探马报曰："离山十里有王平安营。"司马懿乃命张郃引一军，挡住王平救援之路，又令申耽、申仪引两路兵围山，先断了蜀军水道，待蜀兵自乱，然后乘势击之。当夜调度已定。次日天明，张郃引兵先往背后去了。司马懿大驱军马，一拥而进，把山四面围定。马谡在山上看时，只见魏兵漫山遍野，旌旗队伍，甚是严整。蜀兵见之，尽皆丧胆，不敢下山。马谡将红旗招动，军将你我相推，无一人敢动。马谡大怒，斩杀两员裨将。众军惊惧，只得努力下山来冲魏兵。魏兵岿然不动。蜀兵又退上山去。马谡见事不谐，教军紧守寨门，只等外应。

那边王平见魏兵到，引军杀来，正遇张郃，战有数十余合，王平力穷势孤，只得退去。魏兵自上午困到半夜，山上无水，军不得食，寨中大乱。嚷到半夜时分，山南蜀兵大开寨门，下山降魏。马谡禁止不住。司马懿又令人于沿山放火，山上蜀兵愈乱。马谡料守不住，只得驱残兵杀下山西逃奔。

却说孔明自令马谡等守街亭去后，犹豫不定，忽报王平使人送图本至。孔明唤入，左右呈上图本。孔明就案上拆开视之，拍案大惊："马谡无知，坑陷吾军矣！"左右问："丞相何故失惊？"孔明道："吾观此图本，失却要路，占山为寨。倘魏兵大至，四面围合，断水道，不须二日，军自乱矣。若街亭有失，吾等安归？"长史杨仪进曰："某虽不才，愿替马幼常回。"孔明将安营之法，一一吩咐与杨仪。正待要行，忽报马到来，说："街亭、列柳城，尽皆失了！"孔明跌足长叹曰："大势去矣！此吾之过也！"

忽报马谡、王平、魏延、高翔至。孔明先唤王平入帐，责之："吾令汝同马谡守街亭，汝何不谏之，致使失事？"王平曰："再三相劝，要在当道筑土城，安营扎寨。参军大怒不从，某因此自引五千军离山十里下寨。魏兵骤至，把山四面围合，某引兵冲杀十余次皆不能入。次日土崩瓦解，降者无数。某孤军难立，故投魏文长求救。半途又被魏兵困在山谷之中，某奋死杀出。比及归寨，早被魏兵占了。及投列柳城时，路逢高翔，遂分兵三路去劫魏寨，指望克复街亭。因见街亭并无伏路军，以此心疑。登高望之，只见魏延、高翔被魏兵围住，某即杀入重围，救出二将，就同参军并在一处。某恐失却阳平关，因此急来回守。非某不谏，丞相不信，可问各部将校。"孔明喝退，又唤马谡入帐。

马谡自缚跪于帐前。孔明变色道："汝自幼饱读兵书，熟谙战法。吾累次叮咛告诫，街亭是吾根本。汝以全家之命，领此重任。汝若早听王平之言，岂有此祸？今败军折将，失地陷城，皆汝之过也！若不明正军律，何以服众？汝今犯法，休得怨吾。汝死之后，汝之家小，吾按月给与禄粮，汝不必挂心。"叱左右推出斩之。马谡泣曰："丞相视某如子，某以丞相为父。某之死罪，实已难逃；愿丞相思舜帝杀鲧用禹之义，某虽死亦无恨于九泉！"言讫大哭。孔明亦挥泪："吾与汝义同兄弟，汝之子即吾之子也，不必多嘱。"左右推出马谡于辕门之外，将斩。参军蒋琬自成都至，见武士欲斩马谡，大惊，高叫："留人！"入见孔明曰："昔楚杀得臣而文公喜。今天下未定，杀智谋之臣，岂不可惜？"孔明流涕而答曰："昔孙武所以能制胜于天下者，用法明也。今四方纷争，兵戈方始，若复废法，何以讨贼耶？合当斩之。"须臾，武士献马谡首级于阶下。孔明大哭不已。蒋琬问曰："今幼常得罪，既正军法，丞相何故哭耶？"孔明曰："吾非为马谡而哭。吾想先帝在白帝城临危之时，曾嘱吾曰'马谡言过其实，不可大用'。今果应此言。乃深恨己之不明，追思先帝之言，因此痛哭！"大小将士，无不流涕。在马谡未失街亭之前，诸葛亮是很看重马谡的，他不信刘备遗言，重用马谡，就在于此。于私，诸葛亮与马谡的交情也不错，远胜于一般将领。说实话，临阵斩杀马谡，诸葛亮是非常心痛，他不愿意杀，但又不能不杀。因为他是三军统帅，几十万双眼睛都在看着他，倘若他在这个时候徇私，那么又如何号令三军。是故，诸葛亮只能忍痛割爱！诸葛亮斩马谡之后，又痛思己过，悔恨不该将防守要塞的重任交给一个虚有其表的人而贻误国家大事，所以自请处分，从丞相降为右将军。诸葛亮对马谡、对自己大公无私的表现，也为他赢得了蜀汉军民无比的爱戴和拥护。

信赏必罚，自古以来便是领导者带兵、用人的铁律。作为团队管理者，唯有做到"有功必赏，有过必罚"，才能有效维护团队的执行力和纪律性，团队成员也才能心悦诚服，尽心尽力地去工作。相反，倘若做不到这一点，那么团队成员或者因为有功无赏而斗志丧失，或者因为有过无罚而胡作为非，那么整个团队又有何纪律性可言？团队还有什么战斗力？

对于现代管理而言，赏罚亦是管理团队的必要手段，其有效性就在于它的公正性。所以，需要惩罚时，我们就要做到铁面无私，需要奖励时，我们一定要实事求是、论功行赏。倘若不能把握赏罚的公平性，就会让小人得志、有功者心寒，这对于管理者自身的威信以及团队的战斗力，都是极具破坏性的。

不过，这并不是说要管理者施行"铁腕政策"，严厉治下。

其实，从理论和实践的意义上来说，从两者比较的意义上来说，奖励的效果要比惩罚的效果好。善于发现和强化对象的长处和优点，善于把对象上的消极因素转变为积极因素，是我们科学掌握激励理论和方法的表现。

或许有人要问，那么，管理者究竟应当掌握哪些赏罚原则呢？

1.赏的原则。奖励，是指对某种行为进行奖赏和鼓励，促使其保持和发扬某种作用和作为。奖励的方法是多种多样的，一般分为物质奖励和精神奖励，以及两种奖励的结合。物质奖励满足人们的生理需要，精神奖励满足人的心理需要。为了增强奖励的激励作用，实行奖励时应注意下列技巧性问题：

（1）物质奖励和精神激励相结合。进行奖励，不能搞"金钱万能"，也不能搞"精神万能"，应当把物质奖励和精神激励相结合。

（2）创造良好的奖励气氛。要发挥奖励的作用，就要创造一个"先进光荣，落后可耻"的气氛。在获奖光荣的气氛下奖励，能使获奖者产生荣誉感，更加积极进取。未获奖者产生羡慕心理，奋起直追。而在平淡的气氛下奖励，降低了奖励在人们心目中的地位，很难发挥激励作用。

（3）及时予以奖励。这不仅能充分发挥奖励的作用，而且能使职工增加对奖励的重视。过期奖励成了"马后炮"，不仅会削弱奖励的激励作用，而且可能使职工对奖励产生冷淡心理。唐代著名的政治家柳宗元认为"赏务速而后有劝"，他主张"必使为善者，不越月逾时而得其赏，则人勇而有焉"。他说的"赏务速"就是奖要及时地意思。同时，奖励要及时兑现，取信于民。"信"是立足之本，言而无信，当奖不奖，职工就会感到受骗，从而产生反感情绪。

（4）奖励要考虑受奖者的需要和特点。奖励只有能满足受奖者需要，才会产生激励作用。因此，奖励者应注意摸清受奖者需要什么，不需要什么，根据不同需要给予不同奖励。

2. 罚的原则。惩罚的作用在于使人从惩罚中汲取教训，消除某种消极行为。惩罚的方法也是多种多样的，如检讨、处分、经济制裁、法律惩办等。惩罚作为一种教育和激励手段，本来是一般人所不欢迎的，因为它不是人们的精神需要，如果掌握不好，则容易伤害被惩罚者的感情，甚至受罚者为之耿耿于怀，由此消极和颓唐下去。但是，只要我们讲究惩罚的艺术性，不仅可以消除惩罚所带来的副作用，还能够收到既教育被惩罚者又教育了别人，化消极因素为积极因素的效果。实行惩罚要注意以下几点：

（1）惩罚与教育相结合。惩罚的目的是使人知错改错、弃旧图新。因此，要把惩罚和教育结合起来。这个结合的常用公式是"教育—惩罚—教育"。就是说，首先，要注意先教后"诛"，即说服教育在先，惩罚在后，使人知法守法、知纪守纪。这样做可以减少犯错误和违纪行为，即使犯了错误，因为有言在先，在执行法纪时，也容易认识错误，乐于改正。如果不教而"诛"，则人们就会不服气，产生怨气。其次，要做好实施惩罚后的思想教育工作，使他正确对待惩罚，帮助他从犯错误中汲取教训，改正错误。

（2）一视同仁，公正无私。惩罚对任何人都要一视同仁，要以事实为依据，以法律为准绳，不能感情用事。对同样的过错，不能因出身、职位、声誉和亲疏缘故而处理不一，表现出前后矛盾，甚至轻错重处、重错轻处。这样的惩罚只会涣散人心、松懈斗志，毫无激励的价值。

要做到公正无私，首先要"惩不畏强"。不能欺软怕硬，惩弱怕强。要敢于碰硬，特别对于那些逞凶霸道、蛮不讲理之徒，要拿出魄力，看准"火候"，敢于惩治那些害群之马。这样做，能够警醒一批协从者，教育一些追随者，使广大正直的人们为之拍手称快，干劲倍增。其次，要"罚不避亲"。要做到"亲者严，疏者宽"，对于亲近者的过错更要果断而恰如其分地处理，不徇私情，必要时要"大义灭亲"。只有这样，才能赢得群众的拥护，从而激起人们的工作热情。

（3）掌握时机，慎重稳妥。一旦查明事实真相就要及时处理，以免错过良机，造成更大危害。适时是指掌握恰当的时机，瞧准火候。什么是惩罚最佳火候呢？其一，事实已查清，问题性质已分清；其二，当事人已冷静下来，对问题有所认识；其三，其错误的危害性已为群众所意识到。具备这三个条件，就是惩罚的恰当时机。这三个条件要靠惩罚者去创造，不能消极等待时机。惩罚，还应注意稳妥，不能一味蛮干，有的适当放一放，以免激化矛盾。特别是对一个人的首次惩罚，更要慎重稳妥，要十分讲究方式、方法。当然，也不能久拖不行，否则，时过境迁，就会降低惩罚的效果。

（4）功过分明。功与过是两种性质完全不同的行为要素。功就是功，过就是过，不能混同，也不能互相抵消。因此，在实施激励时，有功则赏，有过必罚，功过要分明。绝不能因为某人过去工作有成绩或立过功，而对他所犯的错误姑息迁就，搞所谓以功抵过。这样做对他自己、对集体都没有好处，只有害处。同样，也不能因为一个人有了错误，而一笔抹杀他过去的成绩，或对他犯错误后所做的成绩不予承认，不予奖励。这样做也是不利于犯错误者进步的。对于一个人犯错误以后做出的成绩，更应注意给予肯定和奖励，这样才能使他们看到自己的进步。

一些管理者喜欢做"老好人"，倾向于"只赏不罚"，如此一来，你好我好大家好，岂不美哉？但事实上，如果该罚的不罚，就无法起到树立威信、凝聚人心的作用。是故我们说，"信赏必罚"应该是"该赏就赏，该罚就罚，赏罚分明，不失公平"。在这里，奖赏是正面强化手段，是对下属的某种优秀行为给予肯定，激励其继续保持并发展；责罚则是反面强化，是对下属某种不合理行为予以否定，令其改过。将二者相互融合，综合使用，奖罚分明，这是高明管理者的手段。

曹孟德封侯于禁：是非定要断清楚，赏罚不可有偏颇

赏与罚的根本目的在于调动将士的积极性，鼓舞士气，由此提高部队战

斗力并壮大自己的军事实力。而若想将赏罚的激励作用发挥到极致，关键就在于"严明"，所以他强调对于下属的赏罚必须做到公开、公正、适度、合理。若是滥用赏罚，必会适得其反。曹操对待下属，并不偏听，而是尽量将是非断清楚，届时再该赏就赏，该罚便罚。

在管理实践中，有些管理者并不懂得赏罚之道。在赏罚过程中，失去分寸和节制，结果走向极端，过犹不及，反而导致激励无效。

我们都知道惩罚不适度就会影响激励下属的效果，奖励不适度同样也会影响下属工作的激情，并且还会增加激励成本。奖励过重会使下属产生骄傲和自满的情绪，失去进一步提高的欲望；奖励过轻会起不到激励效果，或者让下属产生不被重视的感觉。比如，有的时候下属的期望值是月收入2000元，你给了3000元。等到下属的期望值没有升高的时候，你又涨到了4000元。万一出现特殊情况，你再把收入降到3000元的时候，矛盾就会出现，那样你的激励就失去了意义。

奖励和惩罚始终与激励联系在一起。奖功罚罪，自古以来，概莫能外。但如何掌握适度原则，就涉及管理者的艺术问题了。

如何赏罚适度，也许我们可从曹操身上得到启发。话说曹操征张绣，不慎遭遇暗袭，曹操全赖典韦挡住寨门，才得以从寨后上马逃奔，只有曹安民步随。曹操右臂中了一箭，马亦中了三箭，亏得那马是大宛良马，熬得痛，走得快，才没被捉住。曹操一行刚刚走到清水河边，张绣兵追至，曹安民被砍为肉泥。曹操急骤马冲波过河，才上得岸，贼兵一箭射来，正中马眼，那马扑地倒了。曹操长子曹昂，即以己所乘之马奉操。曹操上马急奔，曹昂却被乱箭射死，曹操得以走脱。路上，曹操逢诸将，收集残兵。是时，夏侯惇所领青州之兵，乘势下乡，劫掠民家，平虏校尉于禁，即将本部军于路剿杀，安抚乡民。青州兵走回，看见曹操泣拜于地，口口声声说于禁造反，赶杀青州军马。曹操大惊。

须臾，夏侯惇、许褚、李典、乐进都到。曹操言于禁造反，命诸将整兵迎之，却说于禁见曹操等俱到，乃引军射住阵角，凿堑安营。有人告诉他："青州军言将军造反，今丞相已到，何不分辩，乃先立营寨耶？"于禁曰："今贼追兵在后，不时即至；若不先准备，何以拒敌？分辩小事，退敌大事。"

安营方毕，张绣军两路杀至。于禁身先出寨迎敌。张绣急忙退兵。左右诸将见于禁奋勇向前，各引兵击之，张绣军大败，被追杀百余里。张绣势穷力孤，引败兵投刘表去了。曹操收军点将，于禁入见，备言青州之兵，肆行劫掠，大失民望，某故杀之。曹操曰："不告我，先下寨，为何？"于禁以先前之言对答。曹操曰："将军在匆忙之中，能整兵坚垒，任谤任劳，使反败为胜，虽古之名将，亦未必如此！"于是赐以金器一副，封益寿亭侯；责夏侯惇治兵不严之过。又设祭祭典韦，操亲自哭而奠之，顾谓诸将曰："吾折长子、爱侄，俱无深痛；独号泣典韦也！"众皆感叹，次日下令班师。曹操奔命之时，乍闻猛将反叛。自然心有惊虑，但他并未轻信流言，直击于禁，事后又能问明情况，赏罚分明，值得人们引以为鉴。曹操可谓对激励的适度原则运用自如，实为历史上罕见。所以，曹操网罗了许多人才，他们甘愿为其卖命、为其效忠，终于成就了他三国分其一的伟业。

一般来说，赏罚有度的激励原则主要应注意以下五点：

1. 赏罚要出于公平。赏罚必须公平，该赏则赏，该罚则罚，不能照顾亲疏。"所憎者，有功必赏，所爱者，有罪必罚"，才能使大家心服口服。如果"对其所喜者，钻皮出羽以掩其过，对其所恶者，洗垢求瘢以彰其疵"，那么，赏罚就失去了"强化"作用，有时会收到相反的效果，闹得众叛亲离。

2. 赏罚要注意讲清道理。戚继光从自己的治军实践中认识到赏罚要合乎情理。他认为，"理兴于心，情迫于理"，"赏罚"人人知其所以赏罚之故，则感心发而顽心消，畏心生而怨心止。赏与罚，先把道理讲清楚，将善恶、功过分清楚，大家知道了受赏受罚的原因，赏则会使大家见其功而心悦诚服，罚则会使大家及本人真正受到教育而消失怨恨。

3. 赏罚要注意有度。从管理学角度讲，动力原理的运用要重视"刺激量"。"刺激量"不足，"刺激量"过大，都不能有效地运用动力原理。赏罚只有适度、恰到好处，才能达到激励与惩戒的目的。赏不能过高和过滥，奖赏过高，群众就会不满意；奖赏过滥，无功受禄，无劳受赏，在奖励上搞平均主义，会赏而无恩，起不到教育作用。赏无论是过高或过滥，都不能调动人的积极性。处罚过轻，不能教育本人和他人；处罚过重，不给犯错误者以改过的机会，会将人"一棍子"打死，不符合"惩前毖后、治病救人"的原则。不管是轻过重处还是重过轻处都是不合适的。

4. 赏罚要严守信用。古代兵书《尉缭子》中说"赏如日月，信如四时"，"赏者贵信，罚者贵必"。管理者实施赏罚，必须严格执行规章制度，言出法随，说到做到，不能随心所欲，说了不算。如果高兴即赏，不高兴即罚，会搞得部下无所适从，人心混乱，长此以往，管理者所说的话就失去了信度和效度。

5. 赏罚要注意时效性。赏罚只有在恰当的时间实施，才会收到教育的效果。古人强调"赏不逾时"，"罚不迁列"，奖赏及时，是为了让群众尽快见到为善的好处，当场处罚，是为了让群众迅速看到不为善的害处。一般情况下，赏罚要注意及时性，时过境迁，赏罚的作用就不明显了。

通过上述五点，不难看出及时和适度是互相联系、相辅相成的。适度原则的核心是赏罚和功过相一致。奖大于功或小于功，罚大于过或小于过都是不可取的，只有适度的及时和及时的适度才能最大限度地发挥激励的作用。凡事都有一个度，掌握不好度，就有可能出现过犹不及或火候不到的结果，这二者都是我们在管理中所不愿发生的。

要发挥赏罚的作用，就要创造一个"公平合理"的气氛，不可徇私、不可偏听。当管理中出现问题时，一定要弄清是非缘由，公平地判定孰对孰错，该奖则奖，该罚则罚，如此才能发挥鞭策与激励的作用。

诸葛遗计斩魏延：对忤逆者莫手软，害群之马定除之

毫无疑问，害群之马的危害是巨大的，所以出来一个就要清一个，以起到杀鸡儆猴的作用，震慑手下之人。诸葛亮并不好杀，但他对于害群之马也是绝对不会手下留情的。纵然是将星陨落之时，他还不忘拼尽最后一点精力，巧布棋局，为蜀国除去一大祸患。

林子大了，什么鸟都有。一个企业或单位里，有时会有害群之马跳出来，挑战领导者的权威。害群之马们不会有积极作为，在群体中却不乏影响力，能充当意见领袖，散布消极思想。

对此，我们大可不必自怨自艾，而应把这看做一种必然现象，当做对自己领导智慧的磨炼。管理者在治理团队时，既要懂得引进人才，又要懂得清退毒瘤。对于那些不利于企业发展的下属，管理者必须下重手。在这里必须把握一个铁的原则不放松：害群之马跳出来一个就要清理一个，绝不能给他兴风作浪、借以做大的机会。

诸葛亮一生，智冠群豪，其御下之术更是令人称道。他察人有术，早便言魏延脑后有反骨，不欲留其于西蜀，但鉴于刘备爱才，也就作罢。当他生命垂危之际，便已知自己一死，蜀中再无人能制衡魏延，若不除之，后患无穷，于是，便拼尽最后一口气，巧施策略，让这只"害群之马"也随自己去

了。司马懿派兵刺探，魏延入账禀报，不小心踏灭七星灯。姜维见魏延踏灭了灯，心中愤怒，拔剑欲杀之。孔明止之："此吾命当绝，非文长之过也。"姜维依言收剑。孔明吐血数口，卧倒床上，对魏延说："此是司马懿料吾有病，故令人来探视虚实。汝可急出迎敌。"魏延领命，出帐上马，引兵杀出寨来。夏侯霸见了魏延，慌忙引军退走。魏延追赶二十余里方回。孔明令魏延自回本寨把守。

孔明唤马岱入帐，附耳低言，授以密计，嘱曰："我死之后，汝可依计行之。"岱领计而出。少顷，杨仪入。孔明唤至榻前，授与一锦囊，密嘱曰："我死，魏延必反；待其反时，汝与魏延对阵，方开此囊。那时自有斩魏延之人也。"

却说魏延在本寨中，夜作一梦，梦见头上忽生二角，醒来甚是疑异。次日，行军司马赵直至，魏延请入解疑："久闻足下深明《易》理，吾夜梦头生二角，不知主何吉凶？烦足下为我解之。"赵直想了半晌，答曰："此大吉之兆：麒麟头上有角，苍龙头上有角，乃变化飞腾之象也。"魏延大喜，曰："如应公言，当有重谢！"赵直辞去，行不数里，正遇尚书费祎。费祎问其从何而来，赵直曰："适才在魏文长营中，文长梦头上生角，令我断其吉凶。此本非吉兆，但恐直言见怪，是故以麒麟苍龙解之。"费祎问道："阁下何以知非吉兆？"赵直答："角之字形，乃刀下用也。今头上用刀，其凶甚矣！"费祎叮嘱："且勿泄露。"赵直别去。费祎至魏延寨中，屏退左右，告曰："昨夜三更，丞相已辞世。临终再三嘱咐，令将军断后以挡司马懿，缓缓而退，不可发丧。今兵符在此，便可起兵。"魏延问："何人代理丞相之大事？"费祎曰："丞相一应大事，尽托与杨仪；用兵密法，皆授与姜伯约。此兵符乃杨仪之令也。"魏延曰："丞相虽亡，吾今犹在。杨仪不过一长史，安能当此大任？他只宜扶柩入川安葬。我自率大兵攻司马懿，务要成功。岂可因丞相一人而废国家大事？"费祎曰："丞相遗令，教且暂退，不可有违。"

魏延怒曰:"丞相当时若依我计,取长安久矣!吾今官任前将军、征西大将军、南郑侯,安肯与长史断后!"费祎曰:"将军之言虽是,然不可轻动,令敌人耻笑。待吾往见杨仪,以利害说之,令彼将兵权让与将军,如何?"魏延依其言。

费祎辞魏延出营,急到大寨见杨仪,具述魏延之语。杨仪曰:"丞相临终,曾密嘱我曰,魏延必有异志。今我以兵符调遣他,实则是为了刺探其心也。今果应丞相所言。吾自令伯约断后便是。"于是,杨仪领兵扶柩先行,令姜维断后;依孔明遗令,徐徐而退。魏延在寨中不见费祎来回复,心中疑惑,令马岱引十数骑往探消息。回报曰:"后军乃姜维总督,前军大半退入谷中去了。"魏延大怒:"竖儒安敢欺我!我必杀之!"转问马岱,"公肯相助否?"马岱曰:"某亦素恨杨仪,今愿助将军攻之。"魏延大喜,即拔寨引本部兵望南而行。

却说杨仪、姜维排成阵势,缓缓退入栈阁道口,然后更衣发丧,扬幡举哀。蜀军皆撞跌而哭,至有哭死者。蜀兵前队正回到栈阁道口,忽见前面火光冲天,喊声震地,一彪军拦路。众将大惊,急报杨仪。杨仪闻报前路有兵拦截,忙令人哨探。回报说魏延烧绝栈道,引兵拦路。杨仪大惊曰:"丞相在日,料此人久后必反,谁想今日果然如此!今断吾归路,当复如何?"费祎曰:"此人必先捏奏天子,诬吾等造反,故烧绝栈道,阻遏归路。吾等亦当表奏天子,陈述魏延反情,然后图之。"姜维曰:"此间有一小径,名槎山,虽崎岖险峻,可以抄出栈道之后。"于是,杨仪一面写表奏闻天子,一面将人马往槎山小道进发。

这边,哨马飞报魏延,说杨仪令先锋何平引兵自槎山小路抄来搦战。魏延大怒,急披挂上马,提刀引兵来迎。两阵对阵,何平出马大骂:"反贼魏延安在?"魏延亦骂:"汝助杨仪造反,何敢骂我!"何平叱曰:"丞相新亡,骨肉未寒,汝焉敢造反!"说罢,扬鞭指川兵曰:"汝等军士,皆是西川之人，川中多有父母妻子，兄弟亲朋；丞相在日，不曾薄待汝等，今不可助反贼，宜各回家乡，听候赏赐。"众军闻言，大喊一声，散去大半。魏延大怒，挥刀纵马，直取何平。何平挺枪来迎。战不数合，何平诈败而走，魏延随后赶来。众军弓弩齐发，魏延拨马而回。见众军纷纷溃散，魏延更怒，拍马赶上，杀了数人，却一直禁止不住。是时，只有马岱所领三百人不动，魏延谓岱曰："公真心助我，事成之后，决不相负。"遂与马岱追杀何平。何平引兵飞奔而去。魏延收聚残军，与马岱商议曰："我等投魏，如何？"马岱曰："将军之言，不明智之甚也。大丈夫何不自图霸业，乃轻屈膝于人？吾观将军智勇足备，两川之士，谁敢抵敌？吾誓同将军先取汉中，随后进攻西川。"

魏延大喜，遂同马岱引兵直取南郑。姜维在南郑城上见魏延、马岱耀武扬威，蜂拥而来，急令拽起吊桥。魏延、马岱二人大叫："还不早早投降！"姜维令人请杨仪商议，说道："魏延勇猛，更兼马岱相助，虽然军少，何计退之？"杨仪曰："丞相临终，遗一锦囊，嘱曰，若魏延造反，临阵对敌之时，方可开拆，便有斩魏延之计，今当取出一看。"遂出锦囊拆封来看，只见上书曰："待与魏延对敌，马上方许拆开。"姜维大喜："既丞相有戒约，长史可收好。吾先引兵出城，列为阵势，公可便来。"姜维披挂上马，绰枪在手，引三千军，开了城门，一齐冲出，鼓声大震，排成阵势。姜维挺枪立马于门旗之下，高声大骂："反贼魏延！丞相不曾亏你，今日如何背反？"魏延横刀勒马而言："伯约，不干你事。只教杨仪来！"杨仪在门旗影里，拆开锦囊视之，如此如此。杨仪大喜，轻骑而出，立马阵前，手指魏延而笑曰："丞相在日，知汝久后必反，教我提备，今果应其言。汝敢在马上连叫三声'谁敢杀我'，便是真大丈夫，吾就献汉中城池与汝。"魏延大笑："杨仪匹夫听着！若孔明在日，吾尚惧他三分；他今已亡，天下谁敢敌我？休道连叫三声，便叫三万声，亦有何难！"遂提刀按辔，于马上大叫："谁敢杀我？"一声未毕，脑后一人厉声而应曰："吾敢杀汝！"手起刀落，斩魏延于马下。众皆骇然。斩魏延者，乃马岱也。原来孔明临终之时，授马岱以密计，只待魏延喊叫时，便出其不意斩之。当日，杨仪读罢锦囊计策，已知伏下马岱在彼，故依计而行，果然杀了魏延。后人有诗曰："诸葛先机识魏延，已知日后反西川。锦囊遗计人难料，却见成功在马前。"一个团队若想发展、壮大，就不能允许害群之马的存在。那么，团队之中多会出现哪些类型的害群之马呢？大家不妨一起去看看。

1. 严重违纪者。这类下属的自我约束能力极差，一如俗话所说"三天不打，上房揭瓦"。在他们的脑海中，根本没有纪律意识，完全拿团队的规章制度不当回事，我行我素、不计后果。对于这类下属的纵容，就是对于团队的残忍，因为说不上什么时候，他们就会给你捅下大娄子，给团队造成不可估量的损失。

2. 自立山头者。这类下属的主要精力并不在工作上，而是更乐于玩"办公室政治"，或想方设法去"制衡"领导，又或打击报复同事。他们以为自己谋取不正当利益为目的，施展各种阴谋手段，为自己"立山头"，搞得办公室内乌烟瘴气、人心惶惶，严重破坏团队的稳定。对于这类人，管理者坚决不能留情。

3. 个人主义极度膨胀者。这类下属的自我观念非常强，自以为是、好大喜功，无论对与错，总喜欢自我表现。在这类人心中，团队意识极其淡薄，他们不愿配合，不服上司，只按着自己的流程做事。这类人对于团队目标的实施、企业内部人际关系等，均具有很大的破坏力，且由于其近乎偏执的自我观念，很难通过交流、教育来改变。

总而言之，害群之马的威力是巨大的，轻则制造小麻烦，重则引起大混乱，甚至动摇我们领导权的根基。在这个问题上，任何拖延迟疑、心慈手软的做法都是对自己不负责任。方圆之道告诉我们，在不需要"圆"的时候，那就念好这个独一无二的"方"字经。对害群之马，聪明的领导者必除之而后快！

团队中的"害群之马"一般而言都是有一定能力的，但他们不将能力用到正地方，也着实令管理者头痛。有的领导者爱才，对害群之马一再纵容，这是极不可取的。诚然，我们不能一棒子打死下属，应该给予其改过的机会，但倘若对方屡教不改，我们就不能仁慈了，以免一条臭鱼腥了一锅汤。

4 立威篇

仁义为先重威信，君有道天下归心

打天下最重要的就是不能没了"仁义"二字。英雄之所以能够立住自己这杆战旗，不讲义气是没人跟随你的。"仁义"是一张不用做过多宣传的广告，无须招兵买马别人自会闻讯而来。它是种威信，是一种力量，足可以匹敌千军万马，诚接四海之缘。但就算是如此，英雄也未必没有偶然落马之时，正所谓大丈夫能屈能伸，只要有才有能，就一定要在隐忍间储备力量，恢复元气之时，便是再掀波澜之日。每一个身居弱势的领导者，绝对不会让他手下的随从永远跟着自己长时间忍受胯下之辱，几番卧虎盘龙之后，有朝一日必能实现自己突出重围，势揽天下的诺言。

法则七：仁义当先，千金散尽还复来

作为一个领导者，没有"仁义"二字是难当大任的。真正的"仁义"就如同一张无须张扬的媒介广告，一文不花却可以传之千里，由此看来，"仁义"二字能抵千金这句话一点都不为过。以强服人，往往没有以德服人收到的效果好。"仁义"不但是领导者赢得尊重和帮助的有效保证，还是他们展现个人魅力的最佳行动指南。

刘备三度让徐州：闯荡事业仁义先，誓将美名播天下

古人成事讲究天时、地利、人和。汉末诸侯纷争，刘备势力最初是最弱小的，但最后却成了大事，他占据的就是"人和"这一重要条件。当然，这"人和"也不是一朝一夕完成的，而是刘备多年苦心经营的结果。我们从刘备三度让徐州，便可看出他是如何树立形象，收拢人心的。

当代社会，随着市场经济的发展，很多人错误地认为，所谓的"仁爱、良心"已经没有实际作用了，这其实是一种既狭隘又短浅的观点。从长远的发展看，立志行仁，内心就会有一种向善的自律力量，它会使一个人产生崇

高的使命感和责任感，不但拥有了推动生活、事业的正确力量，而且也能够使整个前进的路上都不会产生内在的焦虑、彷徨，同时令外界见不得人的干扰、攻击对你敬畏而远之。

要知道，无论在古代还在当前，时代的变化都不能改变事物自身的规律。用心险恶、手段卑劣，虽有时候能获取蝇头小利和短暂的好处，但毕竟不是正道；只有内心仁德平和，才是能够成就大事、行之久远的正确的做人做事途径。当然，这也是管理者所必须具备的素质。

刘备以仁义之名行走于三国之中，这是他为自己树立的一块招牌，平时，他亦很注意维护自己仁和的形象。譬如他三让徐州一事，就很值得我们深思。当时曹操为报父仇，挥兵徐州，声言要将徐州杀个鸡犬不留。徐州牧陶谦忙搬救兵，北海孔融又邀刘备相助。刘备一力应承。

刘备军到，见孔融。孔融曰："曹兵势大，曹操又善于用兵，未可轻战。且观其动静，然后进兵。"刘备曰："但恐城中无粮，难以久持。备令云长、子龙领军四千，在公部下相助；备与张飞杀奔曹营，径投徐州去见陶使君商议。"孔融大喜，会合田楷，为犄角之势；云长、子龙领兵两边接应。当日，刘备、张飞引一千人马杀入曹兵寨边。正行之间，寨内一声鼓响，马军步军，如潮似浪，拥将出来。当头一员大将，乃是于禁，勒马大叫："何处狂徒！往哪里去！"张飞见了，也不说话，直取于禁。两马相交，战到数合，玄德掣双股剑麾兵大进，于禁败走。张飞当前追杀，直到徐州城下。

城上望见红旗白字，大书"平原刘玄德"，陶谦急令开门。刘备入城，陶谦接着，共到府衙。礼毕，设宴相待，一壁劳军。陶谦见刘备仪表轩昂，语言豁达，心中大喜，便命糜竺取徐州牌印，让与刘备。玄德愕然道："公何意？"陶谦曰："今天下扰乱，王纲不振；公乃汉室宗亲，正宜力扶社稷。老夫年迈无能，情愿将徐州相让。公勿推辞。谦当自写表文，申奏朝廷。"刘备离席再拜曰："刘备虽汉朝苗裔，功微德薄，为平原相犹恐不称职。今为大义，故来相助。公出此言，莫非疑刘备有吞并之心？若有此念，皇天不佑！"陶谦曰："此老夫之肺腑之言也。"遂再三相让，刘备坚辞不受。糜竺劝道："今兵临城下，且当商议退敌之策。待事平之日，再当相让。"刘备曰："备寄书于曹操，劝令解和。操若不从，再厮杀未迟。"于是传檄三寨，且按兵不动；遣人送信给曹操。

曹操收到刘备之信，本不当回事，谁知信使飞报吕布已袭破兖州，进据濮阳。曹操唯恐根基有失，正好卖个人情与刘备，退军去了兖州。

且说来使回徐州，入城见陶谦，呈上书札，言曹兵已退。陶谦大喜，差人请孔融、田楷、云长、子龙等赴城大会。饮宴既毕，陶谦请刘备上座，拱手对众曰："老夫年迈，二子不才，不堪国家重任。刘公乃帝室之胄，德广才高，可领徐州。老夫情愿乞闲养病。"刘备曰："孔文举令备来救徐州，为义也。今无端据而有之，天下将以备为无义人矣。"糜竺曰："今汉室陵迟，海宇颠覆，树功立业，正在此时。徐州殷富，户口百万，刘使君领此，不可辞也。"刘备曰："此事决不敢应命。"陈登曰："陶府君多病，不能视事，明公勿辞。"刘备曰："袁公路四世三公，海内所归，近在寿春，何不以州让之？"孔融曰："袁公路冢中枯骨，何足挂齿！今日之事，天与不取，悔不可追。"刘备坚持不肯。陶谦泣下，曰："君若舍我而去，我死不瞑目矣！"云长亦劝："既承陶公相让，兄且权领州事。"张飞也说："又不是我强要他的州郡；他好意相让，何必苦苦推辞！"刘备呵斥："汝等不要陷我于不义！"陶谦推让再三，玄德只是不受。陶谦曰："如玄德必不肯从，此间近邑，名曰小沛，足可屯军，请玄德暂驻军此邑，以保徐州。如何？"众人皆劝刘备留小沛，刘备从之。陶谦劳军已毕，赵云辞去，玄德执手挥泪而别。孔融、田楷亦各相别，引军自回。玄德与关、张引本部军来至小沛，修葺城垣，抚谕居民。

不久，陶谦忽然染病，越发沉重，请糜竺、陈登议事。竺曰："曹兵之去，止为吕布袭兖州故也。今因岁荒罢兵，来春必然再来。府君两番欲让位于刘玄德，时府君尚强健，故玄德不肯受；今病已沉重，正可就此而与之，玄德或许会接受。"陶谦大喜，派人其小沛，请刘备商议军务。刘备引关、张带数十骑到徐州，陶谦教请入卧室内。刘备问安毕，陶谦曰："请玄德公来，不为别事，止因老夫病已危笃，朝夕难保。万望明公可怜汉家城池为重，受取徐州牌印，老夫死亦瞑目矣！"玄德曰："君有二子，何不传之？"陶谦曰："长子陶商，次子陶应，其才皆不堪任。老夫死后，犹望明公教诲，切勿令掌州事。"玄德曰："备一身安能当此大任？"陶谦曰："某举一人，可作辅佐，是北海人，姓孙名乾，字公祐。此人可使为从事。"又对糜竺道："刘公当世人杰，汝当善事之。"刘备一再推托，陶谦以手指心而死。众军举哀毕，即捧牌印交送刘备。玄德固辞。次日，徐州百姓，拥挤到府前哭拜："刘使君若不领此郡，我等皆不能安生矣！"关、张二公亦再三相劝。玄德乃许权领徐州事，百姓皆心安。大家都知道，这时的刘备身若浮萍，无所依托，他想不想接手徐州？想必他心里是想的，毕竟有了徐州，便有了一个真正的安身之所，亦可徐图大业。但是，刘备一出山打的就是"仁"字牌，这是他安身立命、聚拢人心的根本，倘若贸贸然应陶谦之请，接手徐州，那么天下不知情之人，定会以为刘备借相助之名鸠占鹊巢，甚至连徐州百姓在情感上也未必能接受。如此一来，刘备的"仁"字招牌便算是砸了。得一地而失天下人之心，得不偿失，这点账刘备算得很明白。是故，他纵然心里想着徐州，也极力克制自己，坚决不取，直至陶谦病故，众人皆劝，百姓相请，他才"勉为其难"地应允了。这样，他既维护了自己的名声，又给了众人情面，还坐领徐州，一举三得，不可不谓之高明也。做领导者的，当有这样的精明。

  作为管理者，我们应当注意维护自身及团队的形象，为团队树立一块"金字招牌"。形象就是人的一张名片，没有它，或许就会与一次次的机遇擦肩而过。事实上，所有魅力无限的大企业家、行业领袖及政治家等，其言行举止都是经过专门塑造的。

一个对形象注意有加的管理者往往会在人群中得到信任，更能在逆境中获得帮助，也必定能够在人生中不断找到成功的机会。事实上，他们是在用自己的形象、魅力影响着别人，最终成就了真正精彩的人生。

换言之，一个团队成功的要诀就在于要能打出自己的招牌，因为没有响亮的招牌，就等于没有实力。招牌虚假，只能毁坏自己的声誉。所谓"招牌"，就是指团队的品牌和形象。因为生意场上是十分注重树立形象的，从某种意义上说，能够树立起自己的形象，也就为自己奠定了成功的基础。做招牌、做场面，也就是树立自我形象的方式。

现如今，市场竞争日趋激烈，一个企业要生存发展本就不易，然而某些企业却利欲熏心，以次充好欺诈消费者，使好不容易树立起来的金字招牌瞬间轰然倒塌，这显然是在自掘坟墓，实在糊涂。

品牌是什么？对于消费者来说，品牌就是价值的认同，是质量的保证；对于市场中间商来说，品牌就是完善的售后，是赢利的保障；对于企业本身而言，品牌就是最好的广告，是维持并发展客户群的便利因子，是企业屹立不倒的根本。品牌的力量可以顺着时间、空间延伸，即便是具体化的产品已经消失，但它依然会存留在大众的脑海之中。所以说，响亮的品牌才是企业最大的资本。

品牌与信誉是提升企业实力的两驾马车，共同拉动着企业的社会形象和市场形象向前奔驰，任何一方偏离正途都会使企业形象受到致命打击。品牌的建立绝非一朝一夕，但毁掉一个品牌却可在眨眼之间。尤其是现在，信息化、网络如此发达，在"好事不出门，坏事传千里"的效应下，企业只要一招不慎，便极有可能会满盘皆输。所以说，任何一个企业要想做大、做强，管理者就必须问心无愧地走好脚下的每一步，通过正确的方式扩大企业的知名度，并得到大众的认可。然后便是十年如一日地保证产品质量，维持自己的品牌。这样做，才不枉当年呕心沥血地创业，才对得起辛辛苦苦打造的金字招牌，才对得起企业的衣食父母——消费者。

处在经济危机之下，那些发展中的新兴企业更应抓住"危"中之"机"，着力培育自身的品牌，切不要目光短浅、唯利是图，自毁未来。

其实无论是管理还是做人，为自己树立一块金字招牌都是非常重要的。品牌于企业、于个人而言，都是健康形象的保证。当我们提及一个多年不见的老朋友时，或许他的音容笑貌在脑海中已然模糊不清，但你仍会脱口而出："他这个人很仗义、很实在。"这就是一个人的品牌。其实塑造一个品牌并不难，就在一个"信"。管理者若能始终将"信义"放在第一位，做人若能由始至终值得信赖，就是最好的品牌。

其实，很多管理者都是很重形象的。重形象，并不是一件坏事，但是不能仅仅限于此点，如果把重形象看做炫耀的资本，那是浅俗人的做法。真正的聪明人是把形象与自己的事业结合在一起，即以做人为先，以利益为次，或者把做人看得重于利益，因为不会做人，就做不了大事。

不取荆州有盘算：英雄凭信闯四方，累积信用有人帮

言行一致，对于企业管理者而言，不仅是一条做人的基本原则，也是为"官"从政的基本准则。"听其言，观其行"，管理者的一言一行下属都看在眼里、记在心里，一旦发现你言行不一致，你的威信就会大大降低。诸葛亮在出山之时，就已谋划好日后要取荆州，但刘表在时，面对唾手可得的机会，他却一次又一次地放弃。其实他不是不想取，而是他以"仁义"做招牌，说

过不从刘表手中夺，就不能夺，这不仅是一种仁义，也是做人的信义！

作为一种赢得被管理者信任的艺术，言出必行在管理下属的工作中占有重要位置。古今中外的杰出管理者，无不强调信誉第一，把"信"作为立身之本，只要答应过的事情，就要"言必信，行必果"，所谓"季布一诺""君子一言，驷马难追"。赢得信任，对施展各种管理方法具有奠基的作用。刘备本心是希望将荆州据为己有的，这一点从他和孙权、周瑜扯皮上可以看得清清楚楚，但他绝不从刘表手中夺下荆州，这就是一种信义的表现，我们一起去回顾一下那段历史。

江夏黄祖被东吴所杀，刘表差人来请刘备赴荆州议事。刘玄德留关羽驻守新野，引诸葛亮、张飞及五百人马前往荆州。刘备在马上对诸葛亮说："今见景升，该如何对答？"诸葛亮回答："当先谢襄阳之事。他若令主公去征讨江东，切不可应允，就说要先回新野，整顿军马。"刘备点头。

来到荆州，在馆驿安顿下来，刘备留下张飞屯兵城外，自己与诸葛亮入城见刘表。礼毕，刘备请罪于阶下。刘表曰："吾已悉知贤弟被害之事，当时即欲斩蔡瑁之首，以献贤弟，因众人告危，故姑恕之。贤弟幸勿见罪。"刘备曰："非干蔡将军之事，想皆下人所为。"刘表曰："今江夏失守，黄祖遇害，故请贤弟共议报复之策。"刘备曰："黄祖性暴，不能用人，故致此祸。今若兴兵南征，倘若曹操北来，又当奈何？"刘表曰："吾今年老多病，不能理事，贤弟可来助我。我死之后，弟便为荆州之主。"刘备曰："兄何出此言！备安敢当此重任。"诸葛亮以目视玄德。玄德曰："容徐思良策。"遂辞出。

回至馆驿，诸葛亮问道："刘景升欲以荆州交托主公，奈何却之？"刘备曰："景升待我，恩礼交至，安忍乘其危而夺之？"诸葛亮叹曰："真仁慈之主也！"

不久，曹操来攻新野，刘备问诸葛亮拒曹兵之计。诸葛亮曰："新野小县，不可久居，近闻刘景升病在危笃，可乘此机会，取彼荆州为安身之地，便可拒曹操。"刘备曰："公言甚善；但备受景升之恩，安忍图之！"诸葛亮曰："今若不取，后悔何及！"刘备曰："吾宁死，不忍做负义之事。"诸葛亮无奈，只好表示："且再作商议。"

却说刘表病重，使人请刘备来托孤。刘备引关羽、张飞至荆州见刘表。刘表曰："我病已入膏肓，不久便死矣，特托孤于贤弟。我子无才，恐不能承父业。我死之后，贤弟可自领荆州。"刘备泣拜曰："备当竭力以辅贤侄，安敢有他意！"正说间，有人报曹操自统大兵至。玄德急辞刘表，星夜回新野。刘表病中闻此信，吃惊不小，商议写遗嘱，令玄德辅佐长子刘琦为荆州之主。蔡夫人闻之大怒，关上内门，使蔡瑁、张允二人把住外门。刘琦在江夏，知父病危，来至荆州探病，方到外门，蔡瑁挡住："公子奉父命镇守江夏，其任至重；今擅离职守，倘东吴兵至，如之奈何？若入见主公，主公必生嗔怒，病将转增，非孝也。宜速回。"刘琦立于门外，大哭一场，上马仍回江夏。刘表病势危笃，望刘琦不来；至八月戊申日，大叫数声而死。

刘表死，刘琮降曹操，玄德闻之大哭。张飞曰："事已如此，可先斩宋忠，随起兵渡江，夺了襄阳，杀了蔡氏、刘琮，然后与曹操交战。"刘备曰："你且住口，我自有斟酌。"乃叱骂宋忠曰："你知众人作事，何不早来报我？今虽斩汝亦无益于事。可速去。"宋忠拜谢，抱头鼠窜而去。刘备正忧闷间，忽报公子刘琦差伊籍到来。刘备感伊籍昔日相救之恩，降阶迎之，再三称谢。伊籍曰："大公子在江夏，闻荆州已故，蔡夫人与蔡瑁等商议，不来报丧，竟立刘琮为主。公子差人往襄阳探听，回说是实；恐使君不知，特差某送哀书呈报，并求使君尽起麾下精兵，同往襄阳问罪。"刘备看书毕，对伊籍说："你等只知刘琮僭立，更不知刘琮已将荆襄九郡献与曹操！"伊籍大惊："使君从何知之？"刘备于是细说拿获宋忠之事。伊籍曰："若是如此，使君不如以吊丧为名，前赴襄阳，诱刘琮出迎，就便擒下，诛其党类，则荆州属使君矣。"诸葛亮曰："机伯之言甚是。主公可从之。"刘备垂泪道："吾兄临危托孤于我，今若执其子而夺其地，异日死于九泉之下，何面目复见吾兄？"诸葛亮曰："如不行此事，今曹兵已至宛城，何以拒敌？"刘备曰："不如走樊城以避之。"其后的故事我们前文已有所提及，刘备因为不肯夺荆州，又不忍弃百姓，于是带着军队、百姓开始了新一轮的逃亡，若不是赵云、张飞英雄，若不是公子刘琦及时将其迎至江夏，刘备的命运就很难说了。

一个人在危难之际，仍能固守信义，不背前言，甘愿自己受逃亡之苦，也不肯做有损信义之事，这样的人，他的下属怎能不拜服得五体投地，甘心受其驱使？其实刘备这个人身上并不具备曹操、孙权那种不怒而威的霸气，他能令诸多豪杰为其卖命，靠的就是这份信义。

作为管理者，说到做到，这是必须遵守的一条管理准则，是管理者自身最宝贵的无形资产，应该说这也是管理者在管理工作中的立身之本。受拥戴的管理者常有许多共通的待人处世的优点，其中很显著的一点便是，他们在任何时候都诚实守信、遵规守约。他们常常遵循这样的原则：要么轻易不与下属相约，要么就要信守诺言，竭尽全力去办；对下属所许下的诺言一定要兑现，而且是完完整整、说一不二地兑现；即使一时达不到这种境界，至少也要让下属感觉你为自己的诺言努力了。

然而有不少的管理者却偏偏是爱许诺，可又不珍惜这一诺千金的价值，由于过分相信自己的实力，所以许多事情不假思索就会轻易地答应下属："我可以帮你这样做。"而后却往往办不到。如此，很容易在下属的心目中留下一个"不守信用"的烙印。这实在是一名优秀管理者所应避免的。

有些管理者错把轻易许诺作为激励下属的手段，实际上，这样做也许在短期内能起到作用，但从长远看，效果并不好。一旦许诺不能及时兑现，下属伤心失望，干劲大减。与其如此，还不如默默地为下属做一些实事，让下属落个实惠，比把话说得太早、太满，让人空欢喜一场好得多。

诺言好比一针兴奋剂，它能激发下属们的工作热情。如果你当众宣布：若能超额完成任务，大家月底能拿到40%的分红。这是怎样一个消息呢？情绪振奋的下属可能无暇顾及它的真实性了，下属的想象力已穿过时空隧道进入了月底分红的那一幕。接下来下属们必定会热火朝天地工作，扳着指头盼望着月底的到来。到了月底，你的下属们都眼巴巴地指望你能说话算数，而你却只能来一句"实在对不起"！

想想看，这后果是多么可怕。如果你下次再发出号召，让下属们苦干并给予一定的奖励，有谁还会真的相信呢？谁都会对你的话打一个大问号。而一旦你的下属有了这样的心态，那么你在组织中就是一个彻底的失败者。你的权威没有了，难得树立起来的信任也失去了，赤裸裸的雇佣关系会让你觉得自己置身于一个由僵硬的数字符号构筑的组织环境之中。

有这样一位管理者，上任伊始，他宣布要在一年内为下属们做五件实事，下属们自然干劲倍增。但大半年过去了，一件事也没有办成，大家一下子就没了热情，这位管理者也因此威望扫地，企业效益急速滑坡。

这位管理者本是想用许诺来激励下属，没有想到全行业不景气，企业也就没有钱办那些已经许诺的事，结果是"搬起石头砸了自己的脚"。

有些许诺关系着下属的前途与未来，下属们对此极为敏感，在工作中牢牢记住上司说过的每一句话。因此，你不能心情一高兴，忘乎所以，信口开河，更不可随意封官许愿，而在这些下属达到要求时却又根本不提，这只能削弱企业下属的战斗力。所以，每一位管理者都要切记，在管理活动中切忌瞎许诺，乱开空头支票。不是有绝对把握的事情，绝不要随便向下属们许诺，否则，届时不能兑现，后果不堪设想。

管理者要做到慎重允诺，就必须坚持"说一不二"的原则。言必行，行必果，逐渐改掉信口开河的毛病，谨慎言行，这样自然就在下属中产生威望，政令就会畅通，企业也会生机勃勃。

在你许下诺言后，如果必须改变计划，而该计划的实现却是下属一直所期待的，就要向他们解释清楚这种变化。如果不能明确地表达变化的原因，他们会认为管理者食言，如果这种情况经常发生的话，下属就会失去对管理者的信任。管理者丧失信任通常会导致失去忠诚，从而失去优秀的下属。

管理者的命令不是圣旨，但承诺却有沉甸甸的分量。对于你不能实现的诺言，最好今天就让下属失望，不要等到骗取了下属们的积极性后的明天再让他们失望。人们推崇的是许下诺言并勇于兑承诺言的作风。

只要能够说到做到，哪怕管理者的能力差一些，下属们也会信任他，主动维护他的形象。即使他的话语与行动不一定符合下属的要求，下属也会感到他做事有原则性，反而对他的工作要求较有信心，认为他不会有朝令夕改的情形发生，工作起来也较为投入。

我们在做出任何承诺之前都要深思熟虑，如果不能完全肯定自己能够实现，那就不要承诺，承诺要全心全意，要保证它能不折不扣地实现。当你说："干完这件事，我给你加薪。"你心里就要确保这个承诺能兑现；按时实现自己的承诺，不要拖延，时间一到，马上兑现你所做出的承诺；如果发生了你事先难以做出合理预见的事情，而使你不能实现承诺的话，应该立即开诚布公地与接受你承诺的下属重新进行商洽。这件事要尽快做，不要等到火烧眉毛才开始进行。如果人们知道你一般总能恪守承诺，而在无法实现时也会尽可能地和他们进行协商，下属们就会相信，你是一个可以依靠、可以信赖的管理者。

刘备不忍弃百姓：视士卒如同爱子，不将下属轻抛弃

一支军队，当统帅与士卒之间建立起亲人一般的关系，彼此便可同生共死，那么战争的胜利面就大大增加了。一个团队，倘若领导者能如同对待亲人一般对待下属，不离不弃，那么必然人心凝聚，备受拥护和爱戴。刘备在逃难之时，仍不忍心离弃百姓，无怪乎他能如此深得人心。

大多数企业在不景气的时候，都喜欢以裁员的方式渡过难关，这种忽视员工需求的做法，很容易打击下属的工作热情，从而使领导者的能力及威信大打折扣。

有些领导者一旦受到不景气的冲击，就把一切危机推给员工，这无疑就是摆脱责任，消磨下属的斗志。真正博得人心的管理者绝不会因为一时的经济不景气而对员工"大开杀戒"。如果他们懂得患难见真情，并与员工同舟共济，共渡难关，员工也会知恩图报、誓死效忠。

当年刘备受到曹操追打，危难之际，仍不忘带着百姓，这显然为他俘获了很大的人心。那一年，刘表亡，其次子继承荆州，率众降曹操。诸葛亮火烧新野，刘备尽迁新野百姓入樊城。曹操遣徐庶说服刘备投降，刘备拒绝。曹操大怒，即日进兵。刘备问计于孔明。孔明曰："可速弃樊城，取襄阳暂歇。"玄德曰："奈百姓相随许久，安忍弃之？"孔明曰："可令人遍告百姓，有愿随者同去，不愿者留下。"先使云长往江岸整顿船只，令孙乾、简雍在城中声扬曰："今曹兵将至，孤城不可久守，百姓愿随者，便同过江。"两县之民，齐声大呼曰："我等虽死，亦愿随使君！"即日号泣而行。扶老携幼，将男带女，滚滚渡河，两岸哭声不绝。玄德于船上望见，大恸曰："为吾一人而使百姓遭此大难，吾何生哉！"欲投江而死，左右急救止。闻者莫不痛

哭。船到南岸，回顾百姓，有未渡者，望南而哭。玄德急令云长催船渡之，方才上马。

行至襄阳东门，只见城上遍插旌旗，壕边密布鹿角，玄德勒马大叫曰："刘琮贤侄，我只欲救百姓，并无他念。可快开门。"刘琮闻刘备至，惧而不出。蔡瑁、张允径来敌楼上，叱军士乱箭射下。城外百姓，皆望敌楼而哭。城中忽有一将，引数百人径上城楼，大喝："蔡瑁、张允卖国之贼！刘使君乃仁德之人，今为救民而来投，何得相拒！"众视其人，身长八尺，面如重枣；乃义阳人也，姓魏，名延，字文长。当下魏延抡刀砍死守门将士，开了城门，放下吊桥，大叫："刘皇叔快领兵入城，共杀卖国之贼！"张飞便跃马欲入，刘备急止之曰："休惊百姓！"魏延只管招呼玄德军马入城。只见城内一将飞马引军而出，大喝："魏延无名小卒，安敢造乱！认得我大将文聘吗！"魏延大怒，挺枪跃马，便来交战。两下军兵在城边混杀，喊声大震。刘备曰："本欲保民，反害民也！吾不愿入襄阳！"孔明曰："江陵乃荆州要地，不如先取江陵为家。"玄德曰："正合吾心。"于是引着百姓，尽离襄阳大路，望江陵而走。襄阳城中百姓，多有乘乱逃出城来，跟玄德而去。

刘备带着百姓，日行止十数里，被曹操军队赶上，一通厮杀，亏得张飞、赵云之英勇世所罕匹，才得以脱困奔江夏而去。刘备逃难之际，仍不忘带着百姓，这是他的仁心所致，不忍百姓遭受战火屠戮。试想这样一心为民的领导，又有谁不愿誓死相随呢？同样，一个团队有了真正关心员工利益的管理者，哪个下属不为之感动，为之奉献，为之拼搏，为之努力？危机是检验管理者能力的一把有力尺度，是一块试金石。庸者落马，能者上马。只有率领团队成员冲破层层危机，临危不惧的管理者，才会得到员工的崇敬与仰慕，才会成为一面永远不倒的旗帜，才能真正地把握住员工的心，才能和全体员工一起创造一个又一个的辉煌。

由此可见，对于现代管理者而言，只会下命令是远远不够的，关心下属也是我们必修的一门课程。领导者不仅在危难之际应对下属不离不弃，即便是在平时，亦应视其如亲人一般，对他们给予足够的关怀和爱护。

大军事家孙子提倡"视士卒如爱子"，这是很值得现代管理者借鉴的。我们关心下属，就是要像对待家人一样，给予下属家一般的感觉，要善于通过为下属排忧解难来唤起他的内在工作热情——主动性、创造性，使其全身心投入工作。

管理者应该意识到，下属心里所看重的并不仅仅是报酬，在他们看来，和谐的劳动包括方方面面。合理的薪酬自不必说，丰富的业余生活，优渥的住宿条件，积极的工作氛围，和睦的同事关系，公正的赏罚、激励制度等，都是自己是否留驻企业的重要评估依据。因而，在人力资源越发紧张的情况下，管理者唯有以更平等、更仁爱的心态去面对职工，以情留人，方为上策。

1. 提供舒适的工作环境

随着社会、经济结构的演变，员工对企业的要求越来越高。他们不再像以前那样只看重物质酬劳，还看重工作环境的舒适度等软性因素，他们对工作的整体满意度要求在提高。

但凡优秀的企业，通常能为员工提供优越、舒适的工作环境。因为他们懂得，优越的环境不仅使下属工作时身体感到舒适，还有助于激发他们的创造性和工作热情。更重要的是，当员工们在这种适合自己发展的环境中体会到企业所寄予的厚望时，就会更加努力进取，而这也可以用来解释优秀的企业之所以成为一流企业的原因所在。

2. 让员工说出心里话

企业的文化、管理制度等与下属的认知产生冲突时，虽然在管理者的要求下，员工能一定程度上接受，但并不代表他们就能完全坦然接受了。这时就要鼓励他们说出自己的想法，不管是否合理。让员工把话说出来是最好的解决矛盾的办法。如果员工心中有很多不满和怨气，管理者都不知道，长期下来就成为积怨，问题挤压得严重了就不好解决。所以，应该为他们开条"绿色通道"，使他们的想法第一时间反映上来。

比如，海尔集团有项措施是，给新来的每位员工都发一张"合理化建议卡"。员工有什么想法，无论制度、管理、工作、生活等任何方面都可以提出来。对合理化的建议，海尔会立即采纳并实行，对提出者还有一定的物质和精神奖励。而对不适用的建议也给予积极回应，因为这会让员工知道自己的想法已经被考虑过，他们会有被尊重的感觉，更敢于说出自己的心里话。

在新员工所提的建议与问题中，有的居然把"蚊帐的网眼太大"的问题都反映出来了，这也从一个侧面表现出海尔的工作相当到位。

3. 培养员工的归属感

员工敢于说真话是一大好事，但那也仅是发现问题的源头。接下来解决问题才是重要部分。如何帮助员工转变思想，让他们从观念上把问题当成自己的"家务事"，这就需要管理者培养员工的归属感，让新员工不把自己当"外人"。

外界传闻海尔的管理极其严格不近人情。实际上，海尔的企业文化非常注重给员工创造归属感，管理也并非不人性化。他有句口号是"海尔人就是要创造感动"。

"人心齐，泰山移"，全体员工的同心协力、一致努力是企业能获得最终成功的有力保证。而要做到这一点，企业领导就要多关心员工的生活，对他们遇到的事业挫折、感情波折、病痛烦恼等"疑难病症"给予及时的"治疗"和疏导，建立起正常、良好、健康的人际关系、人我关系，从而赢得员工对企业的忠诚，增强员工对公司的归属感，使整个企业结成一个凝聚力很强的团体。

据研究发现，在缺乏激励的环境中，人才的潜力只能发挥出20% ~

30%，即刚刚能保住饭碗；而在良好的激励环境中，同样的人却可以发挥潜力的 80%～90%。良好的激励能够最大限度地调动人的积极性和主动性，因此，领导必须从细节上关心下属，用你的心换取下属的忠诚。

张松弃曹投刘备：能者甘为德者劳，领导贵在行德治

"以诚恕加天下，则群伦影从所以"。对于一个团体的最佳组织手段是精神力量。当然，"力治"也是常有的、难以避免的，但归根结底，真正使人类组成大规模、有秩序群体的，绝不是武力而是智力。在这方面，刘备的做法就很值得我们借鉴。

子曰："为政以德，譬如北辰居其所而众星共之。"其意为："国君用品德教化来治理国家，他就会像北斗星那样，泰然处在自己的位置上，使群星环绕着他。"孔子在这里强调的是管理者的个人修养问题。他将管理者的道德及其仁道政治，与政局的稳定和国家的强盛紧密联系在一起，说明了"德"与"仁"强大的感召力和凝聚力。

其实，无论是治国，还是做人做事，高尚的道德品质和非凡的人格魅力都会形成一种像磁场那样的向心力，提升自己的"人气"。周围的人在不自觉中，都会把你当成"精神领袖"和衡量是非价值的"标准"。

"与人为善，取人为善"是刘备处理人际关系的一个准则，它使刘备的事业兴旺发达。刘备与人为善的事，俯拾皆是，因此他的下属多对其忠心耿耿，极为敬重。乃至各方名士亦闻其名而相投相助，张松就是其中一个。益州刘璋，曾杀张松母及弟，因此有仇。张松欲图西川，进计欲献西川于曹操，

暗画西川地理图本藏之，带从人数骑，取路赴许都。早有人报入荆州。孔明便使人入许都打探消息。

张松到了许都馆驿中住定，每日去相府伺候，求见曹操。曹操自破马超以后，傲睨得志，每日饮宴，无事少出，国政皆在相府商议。张松候了三日，方得通姓名。左右近侍先要贿赂，却才引入。张松见曹操，因言语冒犯，为曹操所慢；又在校场以"濮阳攻吕布之时，宛城战张绣之日；赤壁遇周郎，华容逢关羽；割须弃袍于潼关，夺船避箭于渭水，此皆无敌于天下也"之言揭曹操之短，险些被杀，亏得杨修、荀彧谏阻，曹操方免其死，令乱棒打出。

张松归馆舍，连夜出城，收拾回川。张松暗自思量："吾本欲献西川州郡与曹操，谁想他如此慢人！我来时于刘璋面前开了大口，今日怏怏空回，定被蜀中人所笑。久闻荆州刘玄德仁义远播，不如径由那条路回。试看此人如何，我自有主见。"于是乘马引仆从望荆州界上而来，前至郢州界口，忽见一队军马，约有五百余骑，为首一员大将，轻装软扮，勒马前问："来者莫非张别驾？"张松曰："然也。"那将慌忙下马，曰："赵云等候多时。"张松下马答礼，问道："莫非常山赵子龙？"赵云曰："然也，云奉主公之命，因为大夫远涉路途，鞍马驱驰，定然疲惫，特命赵云聊奉酒食。"言罢，军士跪奉酒食，赵云敬进之。张松思量："人言刘玄德宽仁爱客，果然如此。"遂与赵云饮了数杯，上马同行。来到荆州界首，是日天晚，前到馆驿，见驿门外百余人侍立，击鼓相接。一将于马前施礼："奉兄长将令，为大夫远涉风尘，令关某洒扫驿庭，以待歇宿。"张松下马，与云长、赵云同入馆舍。讲礼叙坐。须臾，排上酒筵，二人殷勤相劝。饮至更阑，方始罢席，宿了一宵。

次日早膳毕，上马行不到三五里，只见一簇人马到。乃是刘备引着孔明、庞统，亲自来接。遥见张松，早先下马等候，张松亦慌忙下马相见。刘备曰："久闻大夫高名，如雷贯耳，恨云山遥远，不得听教。今闻回都，专此相接。倘蒙不弃，到荒州暂歇片时，以叙渴仰之思，实为万幸！"张松大喜，遂上马并辔入城。至府堂上各各叙礼，分宾主依次而坐，设宴款待。饮酒间，刘备只说闲话，并不提起西川之事。张松以言挑之："今皇叔守荆州，还有几郡？"孔明答曰："荆州乃暂借东吴的，每每使人取讨。今我主因是东吴女婿，故权且在此安身。"张松曰："东吴据六郡八十一州，民强国富，犹且不知足？"庞统曰："吾主汉朝皇叔，反不能占据州郡；其他皆汉之窃贼，却都恃强侵占地土，实不公平也！"刘备制止道："二公休言，吾有何德，敢多望乎？"张松曰："不然，明公乃汉室宗亲，仁义充塞四海。休道占据州郡，便代正统而居帝位，亦非分外。"玄德拱手谢曰："公言太过，备何敢当！"

自此一连留张松饮宴三日，并不提起川中之事。张松辞去，刘备于十里长亭设宴送行。刘备举酒敬松曰："幸蒙大夫不外，留叙三日；今日相别，不知何时再得听教。"言罢，潸然泪下。张松自思量："玄德如此宽仁爱士，安可舍之？不如说之，令取西川。"乃言曰："松亦思朝暮趋侍，恨未有便耳。松观荆州：东有孙权，常怀虎踞；北有曹操，每欲鲸吞。亦非可久恋之地。"刘备曰："故知如此，但未有安迹之所。"张松曰："益州险塞，沃野千里，民殷国富；智能之士，久慕皇叔之德。若起荆襄之众，长驱西指，霸业可成，汉室可兴矣。"刘备曰："备安敢当此？刘益州亦帝室宗亲，恩泽布蜀中久矣，他人岂可得而动摇？"张松曰："某非卖主求荣；今遇明公，不敢不披沥肝胆：刘季玉虽有益州之地，禀性暗弱，不能任贤用能；加之张鲁在北，时思侵犯；人心离散，思得明主。松此一行，专欲纳款于操；何期逆贼恣逞奸雄，傲贤慢士，故特来见明公。明公先取西川为基，然后北图汉中，收取中原，匡正天朝，名垂青史，功莫大焉。明公果有取西川之意，松愿施犬马之劳，以为内应。未知意下如何？"刘备曰："深感君之厚意。奈刘季玉与备同宗，若攻之，恐天下人唾骂。"张松曰："大丈夫处世，当努力建功立业，著鞭在先。今若不取，为他人所取，悔之晚矣。"刘备曰："备闻蜀道崎岖，千山万水，车不能方轨，马不能联辔；虽欲取之，用何良策？"张松于袖中取出一图，递与刘备曰："深感明公盛德，敢献此图。但看此图，便知蜀中道路矣。"刘备略展视之，上面尽写着地理行程，远近阔狭，山川险要，府库钱粮，一一俱写明白。张松曰："明公可速图之。松有心腹契友二人——法正、孟达。此二人必能相助。如二人到荆州时，可以心事共议。"刘备拱手谢曰："青山不老，绿水长存。他日事成，必当厚报。"张松曰："松遇明主，不得不尽情相告，岂敢望报乎？"说罢作别。孔明命云长等护送数十里方回。

后来，张松虽亡，但刘备亦得法正相助，果然不费吹灰之力取了西川，由此蜀国日益强盛。张松本欲献西川于曹操，谁知曹操一反常态地以貌取人，又傲慢起来，欲以武力威慑张松，这不禁令张松寒了心，转思投刘备门下。可见，驭人之道，仅靠武力远远是不够的。对于人才，管理者应给予其足够的尊重，因为但凡人才，必然有几分傲气，管理者若轻慢与之，则人才必然不会诚心相从。

反观刘备，做得就非常到位。他也想取西川，但偏偏不提，为的就是维护自己"仁义"的声名。而张松也确实是被刘备的仁义吸引而来，眼见如此，怎能不动心？再加上刘备对张松的款待极尽周到，丝毫不失尊重，于是张松便铁了心跟随这位仁慈之主。可以说，正是刘备这次的"仁义""谦恭"，为他赢得了西蜀的基业。

与人为善，谦虚低调，大度宽容，使刘备自身人格魅力大增，因而博取了人们对他的支持和真诚相助，给周围的人产生了好的影响，更重要的是，刘备也因此少树了许多仇敌。

作为管理者，我们很有必要修养身心，养成高尚的品德，让自己能够焕发出人性的光彩，形成强大的感召力。这种感召力不仅仅是有益于团队的，更是有益于个人的，而这种感召力也能够传承世代，成为后世效法的楷模。

做人管人都是这样，以势力来压人，则人心必不服；以德馨来感化人，则会收到众星捧月的效果。

然而，遗憾的是，现实生活中，一些管理者信奉"以力服天下"，简单地认为权力就是一切，就像狮群、狼群一样，只要拥有绝对权力就可以支配一切。这种管理理念显然是大错特错的，人类倘若真的单纯以暴力服天下，恐怕至今仍不能离开动物而真正成为人。

从细微之处入手，以仁义道德驭下，既方便又有效，还可以体现出管理者对于下属的关心。实际上，真正能够取得重大突破、做出非凡业绩的下属，毕竟只是属于少数。而且，即使对这些少数而言，他们也不是总能够做到这一点的。更普遍的情况是，大家每天都在那里默默无闻地工作，而这种工作汇合起来后，便共同成就了管理者的事业。

因此管理者要注意从细微处着手，多关心、爱护、体贴、理解下属的每一项工作，每一点小小的进步。这样做，是加深管理者与下属之间心理联络的有效途径。比如，下属满怀心事，未必是因为工作不如意或身体不适，有可能是被外在因素影响的。例如至亲的病故、家庭纠纷、经济陷于困境、爱情问题等，都会使一个人的情绪波动。作为管理者，应予以体谅，并就下属某方面的良好表现加以赞赏，使他觉得自己的遭遇并非那么糟。

所以，凡是卓越的管理者都是善于以礼用人，使下属感到自己受到了上级的重视与关爱，感受到心灵的温暖，因而愿意踏实工作、尽已所能，充分发挥自己的潜在力量。

以武力去征服人，对方不会被彻底征服；用精神力量去征服人，往往能够令人心悦诚服。儒家所倡导的"以德服天下"，远比单纯用武力去征服天下更能俘获人心，更能令人无条件服从。这无疑是一种待人处世的大智慧，深刻领会其实质要领且加以灵活运用，将会使人在生活事业中受益颇多。

孙仲谋授权吕蒙：若想用人就信人，丢掉无谓之猜忌

下属倘若不被上级信任，试想，他还有什么动力去完成艰巨的任务？管理之道，讲究一个"用人不疑，疑人不用"，东吴大将吕蒙就曾对此做过一番很好的阐述。

当一个人在做一件事情的时候，如果得不到上级的信任，那就会觉得工作已经没有任何意义，工作中就没有了积极性，更不会尽心尽力地去完成本职工作了。因此，由己及人，在企业中的用人也是一样的。用人而不予以相应的信任，处处猜忌，予以控制，很难想象被任用的人还会不会心情愉快地工作，还会不会有很高的积极性去完成工作。当他感觉到上级的不信任之后，我们也很难苛求他会对领导者很忠诚，会尽心尽力地办事。

因此，要使人发挥积极作用，使下属积极努力地工作，就必须对他充分信任，做到"用人不疑"。身为管理者，就要始终遵循用人不疑的原则，不听信闲言，多进行交流和沟通，鼓励下属放手去解决问题，完成任务。当时关羽率军围攻樊城，水淹七军，擒于禁、杀庞德，一时声威大震，意欲一举捣向曹操的老巢许昌。曹操得知以后，震恐之下，遣使向孙权求救。恰巧此时，东吴大将吕蒙亦向孙权建议：乘关羽不备，从后夺取荆州。孙权欣然接受。

于是，吕蒙、陆逊一唱一和，一个为关羽歌功颂德，一个装病麻痹，关羽新胜，傲气大盛，果然中计。此时，东吴可以说已经完成了偷袭荆州的准备。

于是孙权召吕蒙商议："今云长果撤荆州之兵，攻取樊城，便可设计袭取荆州。卿与吾弟孙皎同引大军前去，如何？"孙皎字叔明，乃孙权叔父孙

静之次子。吕蒙回答："主公若以蒙可用则独用蒙；若以叔明可用则独用叔明。岂不闻昔日周瑜、程普为左右都督，事虽决于瑜，然普自以旧臣而居瑜下，颇不相睦；后因见瑜之才，方始敬服。今蒙之才不及瑜，而叔明之亲胜于普，恐未必能相济也。"孙权大悟，遂拜吕蒙为大都督，总制江东诸路军马。后吕蒙果然不负孙权所望，擒下关羽，取了荆州，立下大功。吕蒙这番话意在告诉孙权："你若是信得过我，就让我放手去做，若是信不过我就算了。倘若派个亲信来做监军，我俩能否和平共处那就两说了，至于这任务能不能完成，也要另说了。"其实就是在暗示孙权，要用人不疑、疑人不用！孙权是个聪明人，一听其言，便想透了其中道理。可以说，正是这能臣遇上了明主，才促成此事。吕蒙的这番话，其实也是很值得现代管理者深思的。

管理者与下属都生活在尘世中间，世俗之众对人皆免不了说长道短，管理者任用的人自然是被议论的对象。他们出于忌妒心理或出于自身利害，散布流言蜚语，甚至无中生有，恶意中伤。这时管理者就应头脑清醒，明辨是非，不为俗议和谗言所左右而轻易生疑。

日本松下的一位总裁曾说："用他，就要信任他；不信任他，就不要用他。这样才能让下属全力以赴。"用人固然有技巧，但最重要的就是要用人不疑，疑人不用。通常受上司信任、能放手做事的人，都会有较强的责任感，所以无论上司交代什么事，都会全力以赴。

相反地，如果上司不信任下属，动不动就指手画脚，使下属觉得自己只不过是奉命行事的机器而已，事情成败与他的能力高低无关，因此对于上司交办的任务也不会全力以赴了。

然而，上司在交代下属做事时总会存着许多疑虑，譬如"这么重要的事情交给他一个人去处理，能负担得来吗？"或者"像这种敏感度很高，需要保密的事，会不会泄露出去呢？"管理者通常会有这种微妙的矛盾心理。

而更微妙的是，当上司以怀疑的眼光去对待下属时，就好像戴着有色的眼镜，一定会有所偏差，一件很平常的事也会变得疑窦丛生。相反，以坦诚的态度面对下属，就会发现对方有很多可靠的长处。信任与怀疑之间，就有这么大的差别。

总之，只有对所用之人予以充分的信任，并让其感受到自己对他的这种信任，才能激发其积极性和创造性，从而才能达到获取最大人才效益的目的。那么，怎样才能做到用人不疑呢？

要对所用的成员以诚相见。对于人才一旦委以重任，就要推心置腹、肝胆相照。只有相互信任，才能形成上下"协力同心"的大好局面，才能赢得人才忠心不渝地献身事业。切忌对部下怀有戒意，妄自猜疑。

要给受挫者成功的机会。世间任何人的经历都不会一帆风顺，常胜将军是不多见的。受任者任务完成得不好，或出现失误，领导者一定不要大惊小怪。只要帮助他正确对待，认真总结经验教训，下属必然产生有负领导重托的自责感和将功补过的决心，势必为今后工作打下良好的基础。

此外，虽然我们反复强调信任的重要性，也主张管理者应当发自内心地信任下属，但凡事皆有度。信赖要以事实为依据。你相信一个人，必须找出足以支持你论点的相关事实。不管是直觉还是事实，这些证据都必须是可靠和有说服力的，至少应能足以使人确信："这个人值得信赖，我应该相信他的为人与能力。"

事实上，任何一位管理者，在使用人才的过程中，很少能够做到真正的不疑，他们始终都还是在观察手下的人才，时刻抱有一份警惕之心，一旦发现下属有不轨行为或动向，立即先发制人，将其扼杀在摇篮里。

但用人不疑还是有它的用武之地的，正如我们上面反复强调的，它可以显示出管理者对下属的信任，从而提高其工作的热情。

管理者完全可以将"用人不疑"虚实结合。你不一定非要做到不疑不可，只需要想办法做做表面上的文章。比如，让他知道你不听信谗言，不乱生怀疑，让他本人和周围的人觉得你"用人不疑"，这样也能发挥信任的"攻心"功能。

张翼德义释严颜：巧令反对者臣服，让人才为我所用

世人对张飞总的评价是嗜酒如命、性烈如火、刚猛有余、智略不足。但事实上，就是这样一个大老粗，也有其细腻之处，譬如其义释严颜一事，就很值得现代管理者借鉴。

对于管理者而言，他的支持者越多，工作开展起来就越顺利。但不可否认的是，没有人会得到下属百分之百的支持。反对者的存在并不可怕，高明的管理者会以打拉结合的技巧去驾驭反对者，并尽可能地把反对者变成自己的拥护者。

人常道张翼德有勇无谋，但在义释严颜一事上，他却让人看到了其细腻的一面。话说孔明引兵一万五千，与张飞同日起行。张飞临行时，孔明嘱咐曰："西川豪杰甚多，不可轻敌。于路戒约三军，勿得掳掠百姓，以失民心。所到之处，并宜存恤，勿得恣逞鞭挞士卒。望将军早会雒城，不可有误。"

张飞欣然领命，上马而去。迤逦前行，所到之处，但降者秋毫无犯。径取汉川路，前至巴郡。细作回报："巴郡太守严颜，乃蜀中名将，年纪虽高，精力未衰，善开硬弓，使大刀，有万夫不当之勇。其人据住城郭，不竖降旗。"张飞下令离城十里下寨，差人入城去招降："说与老匹夫，早早来降，饶你满城百姓性命；若不归顺，即踏平城郭，老幼不留！"

却说严颜在巴郡，闻刘璋差法正请玄德入川，抚心而叹："此所谓独坐穷山，引虎自卫者也！"后闻玄德据住涪关，大怒，屡欲提兵往战，又恐路上有伏兵。当日闻张飞兵到，便点起本部五六千人马，准备迎敌。有人献计："张飞在当阳长坂，一声喝退曹兵百万之众。曹操亦闻风而避之，不可轻敌。今只宜深沟高垒，坚守不出。彼军无粮，不过一月，自然退去。更兼张飞性如烈火，专要鞭挞士卒；如不与战，必怒；怒则必以暴厉之气，待其军士：军心一变，乘势击之，张飞可擒也。"严颜从其言，教军士尽数上城守护。忽见一个军士，大叫："开门！"严颜教放入问之。那军士告说是张将军差来的，把张飞言语依直便说。严颜大怒，骂："匹夫怎敢无礼！吾严将军岂降贼者乎！借你口说与张飞！"唤武士把军人割下耳鼻，却放回寨。

军人回见张飞，哭告严颜如此毁骂。张飞大怒，咬牙睁目，披挂上马，引数百骑来巴郡城下搦战。城上众军百般痛骂。张飞性急，几番杀到吊桥，要过护城河，又被乱箭射回。到晚全无一个人出，张飞忍一肚气还寨。次日早晨，又引军去搦战。那严颜在城敌楼上，一箭射中张飞头盔。张飞指而恨声道："若拿住你这老匹夫，我亲自食你肉！"到晚又空回。第三日，张飞引了军，沿城去骂。原来那座城子是个山城，周围都是乱山。张飞自乘马登山，下视城中，见军士尽皆披挂，分列队伍，伏在城中，只是不出；又见民夫来来往往，搬砖运石，相助守城。张飞教马军下马，步军皆坐，引他出敌，并无动静，又骂了一日，依旧空回。张飞在寨中，自思："终日叫骂，彼只不出，如之奈何？"猛然思得一计，教众军不要前去搦战，都在寨中等候；却只教三五十个军士，直去城下叫骂。引严颜军出来，便与厮杀。张飞摩拳擦掌，只等敌军来。小军连骂了三日，全然不出。张飞眉头一皱，又生一计，传令教军士四散砍打柴草，寻觅路径，不来搦战。严颜在城中，连日不见张飞动静，心中疑惑，着十数个小军，扮作张飞砍柴的军，潜地出城，杂在军内，入山中探听。

当日诸军回寨。张飞坐在寨中,顿足大骂:"严颜老匹夫!枉气杀我!"只见帐前三四个人说道:"将军不须心焦,这几日打探得一条小路,可以偷过巴郡。"张飞故意大叫曰:"既有这个去处,何不早来说?"众应曰:"这几日却才哨探得出。"张飞曰:"事不宜迟,只今二更造饭,趁三更明月,拔寨都起,人衔枚,马去铃,悄悄而行。我自前面开路,汝等依次而行。"传了令便满寨告报。

探细的军士听得这个消息,尽回城中来,报与严颜。严颜大喜:"我算定这匹夫忍耐不得。你偷小路过去,须是粮草辎重在后;我截住后路,你如何得过?好无谋匹夫,中我之计!"即时传令,教军士准备赴敌:"今夜二更也造饭,三更出城,伏于树木丛杂去处。只等张飞过咽喉小路去了,车仗来时,只听鼓响,一齐杀出。"传了号令,看看近夜,严颜全军尽皆饱食,披挂停当,悄悄出城,四散伏住,只听鼓响:严颜自引十数裨将,下马伏于林中。约三更后,遥望见张飞亲自在前,横矛纵马,悄悄引军前进,去不得三四里,背后车仗人马陆续进发。严颜看得分晓,一齐擂鼓,四下伏兵尽起。正来抢夺车仗,背后一声锣响,一彪军掩到,大喝:"老贼休走!我等的你恰好!"严颜猛回头看时,为首一员大将,豹头环眼,燕颔虎须,使丈八矛,骑深乌马,乃是张飞。四下里锣声大震,众军杀来。严颜见了张飞,举手无措,交马战不十合,张飞卖个破绽,严颜一刀砍来,张飞闪过,撞将入去,扯住严颜勒甲绦,生擒过来,掷于地下;众军向前,用索绑缚住了。原来先过去的是假张飞。料到严颜击鼓为号,张飞却教鸣金为号,金响诸军齐到。川兵大半弃甲倒戈而降。

张飞杀到巴郡城下,后军已自入城。张飞叫休杀百姓,出榜安民。群刀手把严颜推至。张飞坐于厅上,严颜不肯下跪。张飞怒目咬牙大叱曰:"大将到此,何为不降,而敢拒敌?"严颜全无惧色,回叱飞曰:"汝等无义,侵我州郡!但有断头将军,无降将军!"张飞大怒,喝左右斩来。严颜喝曰:"贼匹夫！砍头便砍，何怒也？"张飞见严颜声音雄壮，面不改色，乃回嗔作喜，下阶喝退左右，亲解其缚，取衣衣之，扶在正中高坐，低头便拜曰："适来言语冒渎，幸勿见责。吾素知老将军乃豪杰之士也。"严颜感其恩义，乃降。毫无疑问，张飞正是用他的粗中有细、宽容与大度征服了严颜，让这个曾经反对过他的人变成了自己的朋友，这也正是张飞的睿智的一面，很值得现代管理者学习。

当然，管理者若想将对手真正变成朋友，仅靠宽容是远远不够的，至少我们还要做到以下几点。

1. 虚怀纳谏，勇担己过。一个管理者必须具备虚怀若谷的心胸、容纳诤言的雅量。遇到下属反对自己的事，要扪心自问，检讨自己的错误，并且在自己的反对者面前勇敢地承认。这不但不会失去威信，反而会提高权威。对方也会因为你的认错更加尊重你而与你合作。千万不可居高临下，压服别人，一味指责对方过错，从不承认自己不对。即使心里承认但口头上却拒不承认，怕失面子，这是不可取的，也是反对者最不能接受的。

2. 弄清原因，对症下药。反对者反对自己的原因是多种多样的，只有弄清楚，方能对症下药。有的是思想认识问题，一时转不过弯来。对于这种反对者切不可操之过急，而应多做说服工作。实在相持不下，一时难以统一，不妨说一句："还是等实践来下结论吧！"有的下属反对管理者是因为管理者的思想或工作方法欠妥，脱离实际；或处世不公，失之偏颇。对于这种反对者，最好的处理方法就是从善如流，在以后的行动中自觉纠正。还有的反对者则是因为其个人目的未达到，或自己坚持原则得罪过他。对于这种人，一方面要团结他，另一方面要旗帜鲜明地指出他的问题，给予严肃的批评与教育，切不可拿原则做交易，求得一时的安宁与和气。总之，管理者要冷静地分析反对者反对自己的原因，做到有的放矢、对症下药。

3. 不计前嫌，处世公道。这是一个正直、成熟的管理者的基本素质，也是取得下属拥护和爱戴的重要一条。反对者最担心、最痛恨的是管理者挟私报复、处世不公。管理者必须懂得和了解反对者这一心理，对拥护和反对自己的人要一视同仁，切不可因亲而赏，因疏而罚，搞那套"顺我者昌，逆我者亡"的封建官场作风。只有这样，反对者才能消除积虑和成见，与你走到一条道上来。

4. 严于律己，宽以待人。一个群体内部有亲疏之分，领导者与被领导者之间也是如此，无论你承认与否，这是不可否认的一个客观存在。因为在一个单位中总有一部分同事由于思想、性情、志趣与自己接近，容易产生共鸣，获得好感、赢得信任，这种亲近关系常会无意中流露出来。而那些经常反对自己的人，在一般人看来是不讨领导喜欢的，无疑与领导的关系是"疏"的。一个领导者与被领导者之间的"亲疏"是下属最为敏感的问题。如果一个管理者对亲近自己的人恩爱有加、袒护包容，而对疏远者冷落淡漠、苛刻刁难，那么团体内部必然产生分裂，滋生派系。正确的方法应该是亲者从严，疏者从宽。也就是说，对亲近者要求从严，而对疏远者则要宽容一点。这样可以使反对自己的人达到心理平衡，迅速消除彼此间的隔阂和对立情绪。

另外，管理者应学会关怀下属，情理并重。下属总有自身难解决的问题，需要管理者去协调、去解决。作为管理者理应关心他们的疾苦，绝不可袖手旁观、置之不理，尤其是要主动帮助那些平常反对过自己的人（这是沟通思想的好机会）。只要符合条件、符合政策，就应毫不犹豫地帮助他们解决实际问题。哪怕一时没办到，但只要你尽了努力，他们也会铭记在心，备受感动。

管理者只要付出真情，自然会得到回报，对方就会变反对为支持。那么，你所领导的群体就一定会出现众志成城、生机勃勃的局面。

法则八：树立威信，声名远扬震四海

想成为众人中的佼佼者，就要时刻起到领导带头作用，个人威信是一定不能丢掉的。如果想让身边的能人都听你的，心甘情愿为你卖命，就一定要拿出自己作为老大的风范。该冲的时候绝对要打头阵，享福的时候绝对不忘照顾兄弟，只有这样，英雄的这杆威信大旗才会屹立不倒，乃至别人触碰到它，都会感到非比寻常的力量和希望。

陆逊斩将立军威：新官上任三把火，抓住典型开杀戒

管理者固然要施仁政，但太过仁慈，又难免威信不足。陆逊一介书生，孙权拜之为大都督，上下不服，亏得陆逊深谙立威之术，才得以号令三军，大破刘备。

提起管理者，多数人的感觉是"官威大"，而且人们总是习惯用"官威大"来形容某些管理者脱离群众、目中无人。但是我们要说，"官威"绝不仅仅是一个消极、负面的东西，而是有着它积极而微妙的意义，成为许多人领导和管理下属的一种十分有效的艺术性方法。

"官威"其实可以理解为一种"等级感"。许多管理者正是通过有意识地适度营造"官威"，使下属认识到权力等级的存在，感受到管理者的支配地位和权威。而这种权威对于管理者巩固自己的地位、推行自己的政策和主张是绝对必需的。如果一个管理者过分随和，不注意树立对下属的权威，下

属很可能就会因为轻慢管理者的权威而怠慢、拖延，甚至是故意进行破坏。所以，管理者通过"官威"来显示自己的权力，进而有效地行使权力是无可非议的，对于管理者很好地履行自己的职责也是十分必要的。

管理者的"官威"绝不仅仅是为了炫耀，还是一种避免打扰的防范性措施。你太随和，人人都以为你好说话，所以，鸡毛蒜皮的事都来找你定夺，你把"官威"摆起来了，就可以有效避免这些小事的烦扰，从而集中精力去谋大事。所以，摆官威应该是领导艺术的一部分，有利于管理者对政务的决策。

管理者要树立起在下属中的威信，不能依靠外表吓唬人，而是需要动一番脑筋。《红楼梦》中的探春最初接管园中事务时，是以闺中的娇小姐身份来接替人见人惧的王熙凤，每个人都以看笑话的心情来看她如何支撑局面，根本不把她放在眼中。

探春的"亮相"自然要不同凡响。她一来就对王熙凤定下的种种不合理的规矩一一驳斥、废除，使在座者无不心服口服；大刀阔斧地改革还借助了李纨的地位、宝钗的心细，加上她自己的精于计算，形成了"三独坐"的局面；她对生母赵姨娘的无理要求更是不留情面，使她的"主贵奴贱"的架子自讨没趣了。探春的几把"火"烧对了地方，也"烧"出了威信。大观园在探春的管理下一度显得井井有条。

管理者立威就得"烧"几把火，但火不能烧得过度，树立权威也要掌握一定的技巧。

第一，对那些你无法接受的反映，立即且坚定地做出适当的回应：下达命令，要求改正。

第二，发布简短、明了的命令，并且表现得好像别人要毫无疑问地服从它们。

第三，把自己私人的生活和问题留给自己解决。

第四，不要询问你部属的私人生活，除非这些事情对工作有直接的影响。

第五，以平和的态度接受成功，但是表现出你所期待的成功是在你要求的工作能被放在第一位进行时。

第六，以比正常略为缓慢的速度清晰地提问题，等候回答。

第七，当你和别人说话时，不要注意他们的眼睛，而看着他们前额的中央，眉毛上方半寸高的地方。这样他们就很难让你改变脸上的表情，这个表情通常就是你要让步的第一个迹象。事先准备好一个结束谈话的结尾，这样示意谈话结束，使你免于显出笨拙的样子。

第八，不要尝试强迫别人立即行动。大部分人会觉得受到压迫，需要一点时间整理一下思绪。如果你显露权威，他们还是会行动，但是最好让人有缓冲期。

管理者通过得体的"官威"表现出来的自信心、意志力、傲视群雄的态度以及凌驾于众人之上的气势则有助于增加自己的权威，更能从形象上唤起别人的敬佩和好感。最重要的是，没有神秘感就不可能有威信，因为对于一个人太熟悉了就会产生轻蔑之感。

三国中的陆逊论资历只是一个晚辈，论实战经验亦没有多少，而他能令东吴一帮老将功臣听之号令，着实是有些驭人的本事的。话说刘备为关羽报仇，大举进攻东吴，孙权任命陆逊为大都督，统兵抵御刘备，陆逊担心自己资望寡浅，不能服众。于是，孙权便卸下佩剑给他，告知："有不从号令者，可以先斩后奏！"陆逊将佩剑拜还孙权，叩首道："主公不能私下授剑，请择日，召集文武大臣，三军将帅，当众授剑于我。"孙权闻言大笑，下令连夜筑坛，即日拜陆逊为帅。

这边，吴军都督大帐之中聚满武将文臣，众人你一言我一语，对尚未露面的大都督充满不屑和疑虑，陆逊突然入帐，手捧孙权宝剑，说道："某不才，蒙主公信赖，临危受命，还望各位前辈鼎力支持。"帐中有人忍不住摇头叹息，陆逊见状，复说道："某带吴王佩剑而来，可代行王命，不听号令者，杀无赦。"

当下陆逊传令诸武将："只可死守，不得出战，违令者斩！"

不久，有人来报，蜀军来寨前叫骂。陆逊问骂些什么，答曰："言都督是乳臭小儿。"陆逊笑道："你去告诉他们，找一些精彩的词来骂。"

与此同时，魏延带着一队老弱残军来韩当寨前搦战，韩当大怒，但有碍军令，不敢出战。孙权内弟傅骏忍不住说道："我去砍他几个人头下来，看他还骂不骂？"韩当忙拦住："都督手中可有吴王佩剑啊！"骏说不屑："就是我引颈就戮，量他不敢动我！"言罢，傅骏带着手下，冲出寨门，谁知这一去，竟直接导致东吴连失几座营寨。陆逊为明军纪，也不顾他是孙权内弟的身份，愤而将其斩首示法。江东文武老臣皆被震慑，俱听其号令，更是在陆逊的指挥下，一把火烧了刘备七百里连营。由此，诸人再也不敢轻视陆逊。陆逊深谙杀鸡儆猴之道，他斩杀傅骏，其实就是在抓典型，开杀戒，斩一人而令东吴诸将臣服。

对于现代管理者而言，我们要贯彻自己的意图，发挥下属的整体优势，就需要有统一的行动、统一的意志。而统一的行动、统一的意志需要靠严明的法纪去实现，靠威严的治理手段去巩固。倘若指挥不灵，兵不服将，将不从帅，整个组织系统就成了一盘散沙，管理机器就很难保持正常运转，实现管理目标也就成了一句空话。所以，必要时必须惩治个别典型，以警告其他下属，使他们遵纪守法，服从指挥。

此即"牺牲个别人，拯救整体"的抓典型的做法。如果责备整个团队，将会使大家产生每个人都有错误之感而分散责任。同样地，大家也有可能认为每个人都没有错。所以，只惩戒严重过失者，可使其他人员心想："幸亏我没有做错。"进而约束自己尽量不犯错误。

古人云："劝一伯夷，而千万人立清风矣。"同样的道理，对众多不听话的下属，你不可能全部惩罚，抓住一个典型，开一开杀戒必可使千万人为之警觉畏惧，这就是"惩一儆百"之所以有效的道理所在。

在实际工作中，管理者时常会遇到这样的情况：纪律涣散，人心浮躁，团队没有战斗力，就像一盘散沙。管理者要对这样的部门进行治理，就必须具备铁腕，拿出果敢的精神，对为首者加以严惩，而且事不宜迟，越快越好。倘若在这种情况下还瞻前顾后，害怕得罪人，避免面对人事冲突，任由局势继续恶化，最后还是难辞其咎，根本就不可能两全其美。假如管理者在这种情况下姑息养奸，只能说明他缺乏魄力，是一位不称职的管理者。

当然，若下属都不听话，管理者也不可能全部惩罚，而应因人而异。还有一句话叫做"法不责众"，而且打击面太大不是什么好事。此时，抓住一个典型开一开杀戒，就可以使众人为之警觉畏惧。

比如，若某个部门效率不高、业绩不好，如果批评整个部门，那么其中勤勉工作的人就会心生不满，从而丧失工作热情。同样地，大家也有可能认为每个人都没有错。而只惩戒严重过失者，可使其他成员心想，"幸亏我没有做错，"进而约束自己尽量不犯错误。所以，为了整顿部门内部涣散的士气，有时不妨刻意制造一点紧张的气氛，大胆运用"抓典型"策略。这是一个非常有用的震慑手段，也是一种有效的管人权谋。

在任何团体中，皆有扮演"典型"角色的人存在。这个角色绝非每个人皆能胜任，必须选出一位个性适合的人。他的个性要开朗乐观、不钻牛角尖，并且不会因为一点琐事而意志动摇，如此方能用于此项"任务"。

管理者应避免选用容易陷于悲观情绪，或者太过于神经质的人。若错误地选择了此种类型的下属，往后将带给你更多的困扰。

在惩治捣乱分子时，可采取以下几个办法。

1. 严惩为首作害者。如果某个部门已经暴露出了无序的苗头，管理者就应该注意观察，找出其中的核心人物，抓住其以身试法者，并从速从严予以处置。这样做有两个好处：第一，第一位只有一个人，容易处置；第二，第一位胆量大，影响坏，若不及时处理，便会有效仿者紧随其后。处理第一位能够起到杀一儆百的作用。

2. 对作乱行为严重者酌情对待。如果同时碰到好几位违纪违规者，应当缩小打击面，重点惩处情节严重、性质恶劣、影响最坏者，其他的给予适当的批评教育就行。如果不加选择，一律照打，第一，由于打击面过宽，达不到"警"的目的；第二，会影响工作；第三，树敌太多，影响你的威信。只有有选择地重点打击，才能切实收到效果。

3. 惩处资历老的下属或干部人物。老下属或肩负重任的干部权威大，影响力大，先惩处他们，能对其他追随者起到震慑作用，更能对普通职员起到警告作用。有实绩的人或部门主管都被惩处、指责，其他职员能不感到紧张而加倍努力工作吗？

4. 惩处注意适度，照顾被惩处者的情绪，要使对方心服口服。惩罚虽然无情，但管理者在使用这一手段时，也要考虑到对方的情绪。应当注意：第一，惩处方式不能过于偏激，要留有余地，能被对方接受；第二，惩处要有理有据，根据纪律规定、制度来执行，使被惩处者心服口服，无话可说。

5. 惩处要恩威并用，"抓典型"只是管理上的一种手段，但不是唯一的手段，它不是以打击报复为目的的，所以，还须辅之以"恩"的手段，软硬兼施。这样，能使被惩处者在被"杀"的同时，又感受到了一些关爱。对管理者而言，铁腕政策得到了实施，又笼络了人心，还树立起了一个可畏可敬的形象。

6. 要注意频率和次数，此法不能用得太多、太频繁，否则，会引起下属们对你的不满，甚至认为你只会处罚人、挑别人毛病，缺乏管理能力，从而从内心里看不起你，影响管理者的形象和权威。

在管人过程中，运用"抓典型"策略，对树立管理者威严、增强对下属的控制力具有十分显著的效果。

一般而言，我们在管理工作中，应尽可能使用最少的权力来完成工作。假使用得太过，人们会很容易把你当做蛮横的人，而且会反叛，想要诋毁你。管理者利用权威的目的就是管理别人以达到自己的目标。如果人们已经达到你想要的程度，就不需要表现出还在负责的样子，虽然管理者有权力，但是这样即便树立了威信也会被人们所痛恨。所以，管理者要把自己的权威树立在下属们的心中，让大家从潜意识中认同你，心甘情愿地做你的下属。

三英结义成美谈：与下属成为朋友，左膀右臂连己心

有道是："一枝独秀不是春，一树独矗不成林。"领导者想要将团队做大、做强，单靠自己，力量太单薄；光靠下属，又显得自己太无能。聪明的管理者会团结一切可以团结的力量，让下属们助自己一臂之力。刘备就是个中的代表人物。

每个人的一生中都需要很多朋友，更需要几个志同道合的挚友，这是人生的寄托，管理者当然也不例外。事实上，倘若管理者能够将下属像朋友一样对待，更会对个人的事业产生极大的帮助。著名成功学大师卡耐基就曾表示，友谊是他生活的重要组成部分。他说："如果没有友谊，我就无法活下去。"是的，如果一个人孤独地在社会上生活，恐怕生存都会成问题，就更不要提有所建树了。

古往今来，好汉也好，英雄也罢，没有人能够单凭一己之力称王称霸。

那些有大作为者，谁不是靠着友人的鼎力相助、团队的齐心协力，才能从一文不名一路走向巅峰的？比如刘邦，未发迹时不过是一地痞无赖，因为有了运筹帷幄、决胜千里之外的张良，镇守后方、抚恤百姓、筹措军饷、不绝粮道的萧何，率百万之军、战必胜、攻必取的韩信，便成就了帝王之业。相反，楚霸王项羽力拔山、气盖世，但有一范增却不能用，于是落得个乌江自刎的下场。在这方面，刘备显然继承了他老祖中的基因，他收买人心的本领在三国群雄中绝对是数一数二的，早在他未发迹时，就已然将三国排名前十的猛将中的两位收到了身边。那一年，刘皇叔还没有三顾茅庐；那一年，关二爷为行仗义，险些成了囚徒；那一年，张老三还在拼命杀猪……那一年，张角犯幽州界。幽州太守刘焉闻得贼兵将至，召校尉邹靖商议。邹靖曰："贼兵众，我兵寡，明公宜作速招军应敌。"刘焉深以为然，随即出榜招募义兵。

榜文行到涿县，引出中山靖王刘胜之后、汉景帝玄孙刘备。当时刘备年已28岁，当日见了榜文，慨然长叹。随后一人厉声言曰："大丈夫不与国家出力，何故长叹？"刘备回视其人，身长八尺，豹头环眼，燕颔虎须，声若巨雷，势如奔马。刘备见他形貌异常，问其姓名。答曰："姓张名飞，字翼德。世居涿郡，颇有庄田，卖酒屠猪，专好结交天下豪杰。恰才见公看榜而叹，故此相问。"刘备曰："我本汉室宗亲，姓刘，名备。今闻黄巾倡乱，有志欲破贼安民，恨力不能，故长叹。"张飞曰："吾颇有资财，当招募乡勇，与公同举大事，如何。"玄德甚喜，遂与同入村店中饮酒。

正饮间，见一推车大汉入店而来，唤酒保："快斟酒来，我待赶入城去投军。"刘备看其人——身长九尺，髯长二尺；面如重枣，唇若涂脂；丹凤眼，卧蚕眉，相貌堂堂，威风凛凛。刘备便邀他同坐，问其姓名。答曰："吾姓关名羽，字长生，后改云长，河东解良人也。因本处势豪倚势凌人，被吾杀了，逃难江湖五六年矣。今闻此处招军破贼，特来应募。"玄德于是将志向相告，关羽大喜。三人同到张飞庄上，共议大事。张飞曰："吾庄后有一桃园，花开正盛；明日当于园中祭告天地，我三人结为兄弟，协力同心，然后可图大事。"刘备、关羽齐声应道："如此甚好。"

次日，于桃园中，备下乌牛白马祭礼等项，三人焚香再拜而发誓道："念刘备、关羽、张飞，虽然异姓，既结为兄弟，则同心协力，救困扶危；上报国家，下安黎庶。不求同年同月同日生，只愿同年同月同日死。皇天后土，实鉴此心。背义忘恩，天人共戮！"誓毕，拜刘备为兄，关羽次之，张飞为弟。这便是著名的桃园三结义，也是由此便拉开了刘备加入群雄逐鹿的序幕。对于这次结义的重要性，刘欢老师在歌中唱道："这一拜，春风得意遇知音，桃花也含笑映祭台；这一拜，报国安邦志慷慨，建功立业展雄才；这一拜，忠肝义胆，患难相随誓不分开；这一拜，生死不改，天地日月壮我情怀；长矛在手，刀剑生辉，看我弟兄，迎着烽烟大步来……"

其实无数的事实已然证明，每一个成功者背后都有另外的一个或几个能人，谁也不能一个人攀到事业的顶峰。如果说一个人想要出人头地，那么人际关系是万万不可忽视的。

在团队中，上下级关系是因工作需要而确定的，这种关系远不如朋友关系来得稳定，如果能成功地把上下级关系转变为朋友关系，你就掌握了人际协调中的关键。

只是很多管理者大概都会觉得现在的年轻人不喜欢这种富有人情味的关系，其实这只是这些管理人员自以为是的认识而已。年轻的团队成员们肯定渴望找到与上司更亲密的途径，只是与以前有些不一样，他们更愿意寻找在本团队中建立这种关系的方法，而不想在小酒馆聚会喝酒以联络感情。换言之，他们是想通过工作来进行朋友式的交流。由于上司不了解他们的这种想法，仅仅以其谢绝8小时以外的交往，就错误地认为这些年轻人只需要冷酷无情的上下级关系。可见，这种上司一开始就先入为主地认定年轻人讨厌与自己交往。受此影响，上下级的关系自然不会很融洽，上司在指导年轻人时，也总是采取留一手的态度。其实他们理应对年轻人多多指导。一旦他们认真地对年轻人给予指导时，就会发现年轻人出乎意料地乐于倾听。年轻人是不讨厌上司现身说法的经验之谈的。进一步说，他们更希望听听上司讲述自己如何过五关斩六将、如何走麦城的工作经历。由于上司不了解这一点，又碍于面子，以致自觉不自觉地对部下板起了面孔。由于上司的疏远，做部下的也不便于靠得太近，结果就只能敬而远之，彼此之间的鸿沟也就越来越深。这就是在公司上下级之间经常出现隔阂的原因。如果上司心胸再开阔一点，问题也就迎刃而解了。

上司需要掌握下级对什么感兴趣，并想从你这儿学到什么。到底部下对哪方面的问题感兴趣呢？首先是工作问题，彼此应就直接相关的工作问题坦率地交换意见。如果是在欧美的话，仅凭占用8小时以外时间谈工作一条，就可以诉诸法律。当然在日本就不必有这种担心，但也不能在谈话中只围绕这一话题。

其次是有关团队的情况，如果团队业务广泛的话，大概部下都会想了解有关的问题。好容易才进入了一个大团队，谁都希望涉猎广泛一些，不愿去做井底之蛙。然而，有太多的上司把全部精力投入完成团队的硬性指标上，完全不了解其他团队的情况，患上了团队孤独症。做部下的都想了解自己所在领域的今后发展方向，对团队将怎样发挥自己的一技之长非常感兴趣，而很多上司却每天为完成硬性指标而搞得头昏脑胀，自然无法解答上述问题，导致交流难以进行。

不会进行这方面交流的上司是把团队等同了社会，他们的眼睛看不到外面的世界。这样的上司，怎能成为部下的老师与朋友呢？外面的世界远比团队要大，不了解社会，意味着个人能力的欠缺。换言之，如果上司无法就社会话题与下级交流则表明其社会生活能力的低下。年轻人常会认为工作狂类型的上司平淡乏味，他们希望看到上司在工作以外的另一面。那些连周末都只知辛辛苦苦加班，到了退休茫然无措的人，确实很难让人感受到他个人的魅力。

对于上司所渴望实现的梦想、人生观的变化等也是部下想知道的。如果上司不能就什么是生死、什么是爱恨与部下交流的话，两者之间的距离势必会加大。

如果彼此之间能就以上内容进行很好的交流与沟通，在上下级之间肯定能产生信赖，下级就会以得到朋友而满足，即使有点儿意见，也会碍于朋友的面子而照吩咐去执行。每个领导可能都碰到过几个问题部属，有的还不断跟部属发生冲突，如果领导都能试着去了解部属而不限于 8 小时以内，甚至跟部属发展一些私人情谊，那么，这些问题一定会迎刃而解。

那么，朋友关系和普通的上下级关系到底有什么不同呢？如果说上下级不在 8 小时以外的业余生活中往来是美国式的话，日本传统的师徒关系则能够深入彼此的生活，极富有人情味。有心的管理者，不妨在这方面多了解一下。

为救徐母放徐庶：济人于危难之际，仁德与实际并重

所谓"仁者爱人，人恒爱之"，懂得"爱人"，以人为本的将领才能令三军顺服。作为一名仁德的将领，他必然不会因为一己私欲，而置下属的危难于不顾。刘备得徐庶，可谓是如虎添翼，按理说这样的人才是绝不能放走的，尤其是不能将其放入敌方阵营，但当徐庶深陷为难境地之时，刘备当即便表现出了他仁义的一面，成全徐庶去曹营。像他这样的领导，真的是很难得的。

在现代管理者中，感情投资是一个非常重要的方面，而成人之美、解人于危难之际就是感情投资的一种重要方法。如果管理者拥有并用活了这种手段，不仅当事人会感激不尽，同时还会感动其他的下属。这样，下属必然怀着感激和尊敬的心理，心甘情愿、死心塌地地为你效命。

毋庸置疑，下属的生活偶尔会出现这样那样的困难。管理者应该知道，这是一个收买人心的良机。这种成人之美、解人于危难之际、温暖下属之心的机遇，你绝不能让它从自己的手中白白溜走！

下面，我们一起去看看刘备是怎么做的。建安六年，在中原地区屡战屡败的刘备前往荆州投靠刘表，刘表对其心怀疑惧，把新野给了刘备，让他北拒曹操。徐庶经过几番观察发现，刘备这个人素怀大志，韬略过人，而且为人仁义，能够善待部属，广受爱戴。于是他毛遂自荐，前往新野拜见刘备。刘备当时正在刻意结交荆襄一带的名士，这时智慧与才华并重的徐庶前来效力，刘备自然是喜不自胜，当即将徐庶留在营中并委以重任，让他参与整顿军务。

建安九年，刘备乘曹操出兵邺城，出兵掠地，攻至叶县附近。奉命留守许昌的大将曹仁率领于禁、李典等人出兵抵御。由于刘表不肯出兵相助，刘备寡不敌众，值此危急关头，徐庶献计火烧新野，佯装退兵，同时以关羽、张飞、赵云一干人等为伏兵，暗袭曹军。曹仁不知其中有诈，不顾李典劝阻，与于禁率兵追击。关、张、赵三人的军队趁机而起，同时发动进攻，曹军被包围在中央，伤亡惨重。于是，刘备有惊无险地反败为胜，从容收兵，返回新野。

徐庶卓尔不凡的军事才能令刘备不胜欣喜，盛赞他有王佐之才。徐庶极力谦让，并为刘备推荐诸葛亮。后来，刘备不惜三顾茅庐，以虔诚之心感动诸葛亮，使其接受自己的邀请，出山辅佐，从而奠定三国鼎立的格局。这其中，徐庶的功劳也是不可忽视的。

建安十三年，曹操率大军征讨荆州。是时，刘表已亡故，其次子刘琮不战而降。刘备率军民共计20万余人逶迤南撤。曹军追至当阳长坂坡时，刘备终于不堪攻击，大败而逃，辎重全失，就连徐庶的老母亲也不幸被曹军虏获。曹操欲将徐庶收至麾下，于是派人伪造徐母书信召其去许都。徐庶收到"母亲"的来信，顿感痛不欲生，含泪向刘备辞行。他以手指胸口表明心迹："吾本欲与将军共图王霸大业，耿耿此心，天地可鉴！不幸老母被掳，方寸已乱，即使我留在将军身边也不堪大用，请将军允许我辞别，北上侍养老母！"刘备虽然有千般不舍、万般不愿，但他知道徐庶乃至孝之人，不忍看其母子分离，更担心万一徐母被曹操所害，自己会落下离人骨肉的罪名，只好忍痛割爱，与徐庶挥泪作别。

徐庶来到曹营以后，仍然不忘刘备的知遇之恩以及成全之德，尽管他才华出众、胸有韬略，但绝不愿与刘备、诸葛亮为敌。因此，徐庶在曹营数十年之久，始终未在政治、军事上有所建树，几乎湮没无闻。有句歇后语叫"徐庶进曹营，一言不发"，说的就是这个故事。魏明帝太和三年，诸葛亮三出祁山，北伐中原，当他听到徐庶归曹入魏以后的经历，不禁为自己好友的一生而叹息不已。毋庸置疑，徐庶是个人才，这样的人才对于领导者而言，是可遇不可求的。作为领导者，只要他不是心胸狭隘，唯恐下属才高威胁到自己的地位，那么一定是希望这个人才能够一直留在自己身边，协助自己把团队的事业做强做大。刘备当然也不例外，他内心里其实绝不希望徐庶离开，更不希望徐庶去自己的死敌曹操那里，因为如果徐庶为其出谋划策，那对自己的宏图大业将是极大的一种威胁。倘若换做一些稍微自私一点的领导者，徐庶可能就危在旦夕了——既然我不能用，你也别想用。不过他遇到的是刘备，一向以仁义著称。他成全了徐庶，这是一般人做不到的，而徐庶也对此作出了回应。他为了报知遇之恩与成全之德，坚决不与刘备为敌，否则或许就不会有赤壁之胜了。

我们看到，刘备这种看似糊涂的做法，至少为自己赚下了两大好处：第一，维护了自己仁义的名声，这是他行走天下的保障，对他日后的霸业而言具有决定性的影响；第二，以义举收揽了天下名士的心，包括徐庶和后来的诸葛亮。刘备的这步棋走得是很高明的。

事实上，很多管理者都常做"锦上添花"之事，但济人于危难、成人之美的事却往往被我们所忽略。确实，人们往往喜欢好上加好，却很少将目光放长远些，以"济人于危难"的方式收买人心。当然，这并不是说"锦上添花"的事不应该做，但"济人于危难"的事更要做，对部属尤其要如此。

济人于难和锦上添花虽然说都是常用的收买人心的手段，虽然二者也都是"给"，都是感情投资，但由于给的对象不同、东西不同、时机不同，效果也自然不同。两者相比，前者更好。原因有以下几点。

1. 对给受者双方来说，济人于危难比锦上添花道义价值高。锦上添花大多是趋炎附势者所为，几乎不存在道义价值，对下属锦上添花谈不上负的道义价值，但并没有太大意义。济人于危难却是为扶危救困，此外或得仁爱、宽厚之声誉，一举两得。

2. 若计算投入产出比的话，济人于危难一般会收到更高的回报。济人于危难的回报有多高？保守地估计，是投入一碗饭，回报一千金。

3. 给者对受者的约束力强。一旦一个人在困境之中被人拉了一把，他为对方无论回报多少东西都不为多。你要他回报灵魂，他也没有办法。他如果不回报或不能按要求回报，就会背上不仁不义之名。

4. 可送的资源多，送的对象也多。难中人多，锦上人少。送一个锦上人可以送一批难中人，相反，搜刮一批难中人，才能给锦上人添一朵花。

人们对济人于危难的人总是怀有特殊的好感。雪中送炭、分忧解难的行为最易引起下属的感激之情，进而形成弥足珍贵的"鱼水"情。

管理者要想有效地关爱下属，就要正确地给下属雪中送炭。

1. 平时注意"天气"，摸清哪里会"下雪"。管理者要时常与下属谈心，关心他们的生活状况，对生活较为困难的下属的个人和家庭情况要心中有数，要随时了解下属的情况，要把握下属后顾之忧的核心所在，及时发现哪里有"雪"，以便寻找恰当的时机送出"炭"。

2. "送炭"时要真诚。任何人都不喜欢别人虚心假意地对自己，下属也一样。如果他发现管理者"送炭"不过是想利用自己时，就算接受了"炭"，也不会产生感激心理。假如是这样的结果，那你的"炭"岂不是白白浪费了？因此，管理者在"送炭"时必须真诚，让当事人和所有周围的旁观者都觉得，你是实实在在、诚心诚意的，觉得你确实是在设身处地地为下属着想，真正地为下属排忧解难。

3. 要量力而行。管理者对下属送炭要在力所能及的范围内进行，不要开出实现不了的空头支票。送出的"炭"可以是精神上的抚慰，也可以是物质上的救助，但要在管理者本人和企业团队财力所能承担的范围内进行。对于困难比较大的下属，要尽量发动大家集体帮助，必要时可以要求社会伸出援助之手。同时，管理者还要处理好轻重缓急，要依据困难的程度给予照顾，不能"撒胡椒面"搞平均主义。

下属遇到困难或受到不公正的对待，需要你搭一把手的时候，作为领导者是装聋作哑，还是挺身而出？装聋作哑则从此对于下属再也没有威望和魅力可言，挺身而出则需要承担一定的风险，但是无论如何，对领导者而言，这都是"收买人心"的良好契机。

现代管理提倡的是以人为本，管理者在日常工作中应多注意"人"的状况，让管理更趋于人性化。其实，或是你只是一句亲切的安慰，就可以帮助下属解除内心的困惑；或许你只是举手之劳，就可以令下属危中脱困……如此一来，他们一定会对你心悦诚服，为你鞍前马后。这真的不难办到。

割发代首立军威：营造军威扬士气，以身作则当表率

《吕氏春秋·孙子传》有云："约束不明，申令不熟，将之罪也。"此语强调了以身作则的重要性，在大军事家孙子看来，军队的纪律涣散，首先应归罪于为将者，因为将者自身约束不明、申令不熟，才会导致下属依葫芦画瓢，最终沦为一盘散沙。曹操治下，经典的桥段很多，但割发代首这一段绝对是经典中的经典。

很多的管理者总是一味地去要求下属，却不知自己有很多不足之处。如有些主管或经理新上任，尤其是那些越级提拔的，难免自命不凡，在下属面前表现出盛气凌人的架势。他们不知道，能快速升迁，除了他们自身具备一定能力外，还由于他们运气好。况且一山更比一山高，永远会有比你更厉害的人出现。同时，人各有才，你在管理方面才能出色，下属们说不定在其他方面优胜于你呢。所以稍得势就狂妄自大的心理要不得。

事实是，一个没有能力管好自己的人是绝对没有能力管好别人的。如果管理者做不到律己，就会使下属逐渐失去对自己的信任。古往今来，无数的事实已经证明，管理者必须注意自身修养，在行动上要以身作则，先正自身再去影响他人，进而率领下属去开拓进取。任何一个团队想要成功，都必须有一个严于自律的管理者。他们就是他们自己最严格的监督者，无论提出什么要求，都先从自己做起。这种自律，最能让下属受到感染，最能帮助管理者树立威信。

一般来说，面对复杂的管理工作，管理者需要具备以下8种能力，才能更好地发挥表率作用。

1. 凝聚力。优秀的管理者都懂得依靠自身的感染力来号召、影响和团结下属，为下属建立共同的价值观，激发下属的热情，使所有人能够为共同愿景而努力。

2. 亲和力。管理者需要威严，但同时更要懂得理解、信任、体贴下属，要为人师表、平易近人，通过自己的一言一行来融化下属。即原则性和人情味一样都不能少，只有如此善待下属，企业才能上下一心。

3. 说服力。在与下属的交往中，说服发挥着极其重要的作用，成功地说服是管理者自身影响力的保证。当然，管理者本身必须做到以德为本、身先士卒，说服才能产生足够的影响。

4. 意志力。作为一个团队的领导，其自身必须具备顽强、果断、忍耐的精神，在挑战与压力面前，必须为下属做出一个"从容不迫，成竹在胸"的榜样。须知，管理者的个人心态，会直接影响下属的士气，所以我们必须时刻保持积极的态度，以带动整个团队不断进取。

5. 学习力。人生有限，学海无涯，人只有在不断学习的过程中，才能日趋完善自我。尤其是企业管理者，更应在日常工作中不断进取，精通各项业务。试想，倘若领导者都以懒散的态度在工作，那下属又将呈现出怎样的状态？

6. 创新力。事实上，在企业运行的每一个环节中，都可以找到创新的契机。管理者应善于发扬创新性思想，带动下属挖掘创新性的工作方法和技巧，在瞬息万变的市场环境中，保持企业的核心竞争力。

7. 决策力。当企业面对风险、危机及其他未知因素时，管理者必须保持头脑的冷静，审时度势，"运筹于帷幄之中，决胜于千里之外"，如此方能令下属从内心之中产生出浓重的佩服感。

8.执行力。企业管理者即是战略制定的参与者,又是后期施行的推进者,在企业策略的运行中扮演着极其重要的角色。所以,管理人员必须具备较强的执行能力,才能保证下属认真贯彻企业决策,才能保证可行性方案不会成为一纸空文。

毋庸置疑,由山羊领导的狮子永远也打不过由狮子领导的羊群。作为企业的管理者,不能只满足于分派任务,一定要身体力行、严于自律,才能带领公司突破困境,实现公司的目标。所以,管理者一定要知道律人之前先律己。己不正,焉能正人?建安三年(公元198年),曹操又率兵东征。一路上,旌旗招展,刀枪林立,浩浩荡荡的大军有条不紊地行进着。

此时正是五月,麦子覆垅的收割季节。由于连年战火,许多田地都荒芜了。随着一阵轻风,飘来了一股股新麦的清香。原来,在队伍的前面出现了一大片黄澄澄的麦地。农夫们正在挥镰担担,忙着收割。

曹操传令:"凡是踩踏麦田者,罪当斩首!"传令兵立即将曹操的命令传达三军。

全军上下,人人都小心翼翼起来,因为他们深知曹操的为人,不想因为踏一撮麦子而丢了身家性命。所以,士兵们行走时,都离麦田远远的。骑兵害怕马一时失蹄狂奔乱窜,也就纷纷下马,用手牵着马走。队伍在麦田边缓缓地向前移动着。

事情往往就是这样凑巧,"嗖"的一声,一只野兔从麦田里蹿了出来,穿过路面,溜到了另一块田里。这野兔刚好在曹操及另外两名军官的马前穿过,把三匹高头大马吓了一跳。由于另外两个将军都下马牵着马缰绳行走的,所以马只是小惊了一下,就给稳住了。曹操此时正坐在马上得意,他的马匹给这一惊,犹如脱了缰的野马,一下子蹿进麦田几丈远,差点没把曹操给摔下马来。等到曹操回过神来勒缰绳时,一大片庄稼已给踩坏了。吓得那些在田间的农夫们也赶忙躲避,害怕被惊马踩死。

面对眼前这一意外突发事件，大家都惊呆了。曹操命令说："我定的军规，我自己违犯了，请主簿（秘书）给我定罪吧！"

主簿在听了曹操的命令后，忙对曹操，又像是对大家说："依照《春秋》之义，为尊得讳，法不加重。将军不必介意此等小事。"旁边的一些军士也跟着附和道："主簿说得对。将军，还是带我们赶快上路吧！"

曹操听了，一本正经地说："军令是我制定的，怎么能被我自己破坏呢？"接着，又像是自言自语地感叹道，"唉，谁让我是主帅呢！我一死，也就没人带你们去打仗了，皇上那里也交不了差呀！"众人忙说："是呀，是呀，请将军以社稷为重。"

曹操见大家已经彻底地倒向他了，稍稍顿了顿又继续说："这样吧，我割下自己的一撮头发来代替我的头颅吧！"

于是，拔剑割下一绺头发，交给传令兵告示三军。曹操这样做，既维护了他制定的军令，同时又保住了他的脑袋。在一个公司中，管理者的行为是下属们的榜样。制度作为大家共同遵守的准则，对管理者的要求远胜普通下属。管理者只有在制度下身体力行，以身作则，才能维护自己在下属们心目中的威信，才能让下属自觉地遵守制度。这一点，我们理应向曹操学习。

其实在许多下属眼中，管理者都具有某种他人所没有的特质，若你不具备某种独特的风格，就很难获得下属的尊敬。在此特质中，最重要的即在于管理者的"自我要求"。你是否对自己的要求远甚于对下属的要求呢？偶尔，你会站在客观的立场，为对方设身处地地想想吗？这种态度与涵养是身为管理者所必备的。

下属服从管理者的指导，其理由不外下列两点：一是因管理者地位既高，权力又大，不服从则将遭受制裁。二是因管理者对事情的想法、看法、知识、经验较自己更胜一筹。

这两个条件无论缺少哪一个，部属都将叛离而去，而其中第二点尤为重要。因此，作为一个管理者应当时刻不忘如此地反省自己："我的各方面能力比不比下属强？想法、看法以及做法是否比他们优秀？我应当怎样做才能更出色？""在要求下属做一些事情之前，我是否应先负起责任，做好领导工作呢？""我是否太放纵自己了？要求别人做到的，我自己有没有做到？"

优秀管理者对自己的要求远甚于下属，优秀管理者常会站在客观的立场设身处地为下属着想。一天到晚为自己打算的人，绝非一个优秀的管理者。

让人遗憾的是，多数管理者总是忽视或没有能力做到这个"自我要求"，发生错误总是喜欢归咎于他人。一些荒谬透顶的事，他们做起来反而感到特别安心。譬如一个公司必须开发新产品了，赶紧召开下属大会，一个无能的管理者常为自己大脑空空而坦然，却在抱怨别人："这些家伙尽是窝囊废，竟然拿不出一个新构想！"其实，新构想不能全靠下属去构思，身为管理者应该先动动脑筋，先制定个框架，或先指明个方向，然后再要求下属全力筹划，这样靠着双方的努力才能顺利达成目标。如果只是把责任全部推给下属，即使事情成功了，也会失去下属对他的信任。要知道，如果下属在心里对一个管理者没有什么信任可言了，那么就别想让他们再很好地服从他的管理了。

有句老话是"善为人者能自为，善治人者能自治"。一个团队能否在激烈竞争的环境中得到发展，关键之处还在于管理者是否有正确的自律意识。管理者只有身体力行，以身作则，才能建立起人人遵守的工作制度。比如说要求公司的职员遵守工作时间，管理者首先要做出榜样；要求下属对自己的行为负责，管理者也必须明白自己的职责，并对自己的行为负责。

培养良好的自律性、成为下属的表率，最好能参照以下几点建议身体力行。

1. 乐于接受监督。据说，日本"最佳"电器株式会社社长北田先生为了培养自己下属的自我约束能力，自己创立了一套"金鱼缸"式的管理方法。他解释说，下属的眼睛是雪亮的，管理者的一举一动，下属们都看在眼里；如果谁以权谋私，下属们知道了就会瞧不起你。"金鱼缸"式管理就是明确提出要提高管理工作的透明度，管理的透明度一大，把每个人置于众人监督之下，每个人自然就会加强自我约束。

2. 保持清廉俭朴。作为一个公司管理者，应该清楚自己的节俭行为，不管大小，都具有很强的导向作用。管理者的言行举止是下属关注的中心和模仿的样板。中国台湾塑胶集团董事长王永庆曾说："勤俭是我们最大的优势，放荡无度是最大的错误。"他是这样说的也是这样做的。在台塑内部，一个装文件的信封可以连续使用 30 次；肥皂剩一小块，还要粘在整块肥皂上继续使用。王永庆认为："虽是一分钱的东西，也要捡起来加以利用。这不是小气，而是一种精神、一种良好的习惯。"

只有不断地反省自己，高标准地要求自己，才能树立起被别人尊重的自我形象，并以其征服手下所有的下属，使他们产生尊敬、信赖、服从的信念，从而推动工作的发展。

孔夫子曾对鲁哀公说："政者，正也。君为正，则百姓从政矣。"唐太宗李世民则说："若安天下，必先正其身。"老百姓的俗语说得更直接："火车跑得快，全靠车头带。"的确，下属素质的高低与管理者有着直接关系，只有企业的决策者和管理者以身作则、身先士卒，下属才有榜样可以遵照，才能心悦诚服地按照企业的规章制度行事。所以说，律人之前先律己，作为企业的管理者，要想管好别人，首先就要管好自己。

诸葛亮七擒孟获：一文一武相结合，一威一恩收人心

统御下属是一门复杂的学问。对下属太严，就会引起他们的反抗；对下属太宽，又不利于管理。所以对于下属，应该恩威并施、宽严相济。通俗一点说，即领导者应文武兼施，恩威并用，不失人情，又不失威严，让下属心悦诚服。诸葛亮七擒七纵孟获，正是对这一策略的巧妙运用。

对待下属宽严适度，恩威并用，是每一个经营者都应具备的。既是"管"人，就要严，必须有命令与批评，令要行禁必止。始终客客气气，不好意思直斥其非，只为维护自己平和谦虚的形象，在管理工作中是根本行不通的。管理者必须拿出做上司的威严来，让下属知道你的判断是正确的，是必须不折不扣地执行的。恩是温和、奖励；威是严格、责备。身为一个管理者，恩与威必须配合运用。

当然，对待下属同时还必须温和，必须有"恩"有"宽"。平时对下属讲话亲切，根据其贡献给予优厚待遇，经常关心员工的生活，聆听他们的忧虑，和他们说话时加上一个微笑，员工的工作效率一定会大大提高。他们会感到"上司很关心我，我得好好干"。

不过，这也并不是要领导者做一个老好人，其实在管理中，有时我们必须威严起来，否则还真的难以服众。

所以说，经营者在管理上宽严得体是非常重要的。尤其是在原则和制度面前，更应该分毫不让，严厉无比；对于那些违犯了条规的，就应该举起钟馗剑，狠狠砍下，绝不姑息。当然，平常还应以温和、商讨的方式引导部属自动自发地做事。当部属犯错误的时候，则要立刻给予严厉地纠正，并进一步地积极引导他走向正确的路子，绝不可敷衍了事。所以，一个上司如果对

部属纵容过度，工作场所的秩序就无法维持，也培养不出好人才。换言之，要形成让职工敬畏主任、主任敬畏部长、部长敬畏社会大众的舆论。如此人人能严以律己，才能建立完整的工作制度，工作也才能顺利进展。如果太照顾人情世故，反而会造成社会的缺陷。

宽严适度，恩威并施即是管理者的一种风度，是一种和风细雨的雅量。管理者对于自己下属不可不宽容、亲和、多加体谅，否则难以凝聚人心，难以开展工作。同时领导者的"威"不能丢，领导者有魄力、威严，团队才有精神支柱。对待下属，管理者也应适当严厉，树立自己的威信，无威则政令不通，团队犹如一盘散沙。宽和严、恩和威需要相辅相成，用之有度。宽，不能放任自流、法外施恩；严，不能太过苛刻，俯视群众。管理者唯有将二者很好地结合起来，才是领悟到管理的真谛。

《三国演义》中，诸葛亮七擒孟获是一个非常精彩的桥段，更让人对诸葛亮驭人的心智佩服之至。诸葛亮深通兵略，出兵南方时，大胜当地部落酋长孟获。在中国人心里，打仗以智取胜，这本无可厚非，但孟获不服诈取，他对诸葛亮说："如果你能以光明的手段抓住我，我就服你；如果是用巧诈抓住我，我就是不服。"出人意料的是，诸葛亮竟然答应了他这无礼的要求。

其实用现代管理的观点来看，这很容易理解。如果说，诸葛亮当时不让孟获这个下属彻底心服，那么日后他必然还会造反，还会给蜀国造成危害。作为蜀国的管理者，他当然不能允许这种情况发生。诸葛亮无论如何都要令孟获心服口服，真心诚意地为蜀国效力，这样才能保证蜀国西南边疆人民的安定，这对于蜀国的稳定以及诸葛亮的北伐大业都是具有战略意义的。

孟获这个人在当地的威望很高，用现代话来讲，他就是当地的精神领袖，如果不能让他拜服，那么西南人是不会臣服蜀国的，这对诸葛亮的大计无疑会产生极大的负面影响。可是孟获这个人就是头犟牛，无论诸葛亮怎么抓他，他就是不服气。但诸葛亮对他也颇有忍耐性，到了五擒孟获之时，几乎蜀国所有出征的文武将臣都忍不住了，都劝诸葛亮干脆将孟获杀掉算了，但诸葛亮还是选择了"放虎归山"。七擒七纵之后，孟获终于真心认输了，而且诸葛亮收服孟获以后，并没有在他那里留一个监察官员，没有要孟获一块土地，这更是让孟获对蜀国死心塌地地效忠。

其实就战争而言，很少有绝对意义上的胜利，你以武力压人，人家就是输了，心里也还是不服，时时想着东山再起，说不定哪天便真的又将你打败了。但像诸葛亮这样打仗，我们便可以说他真的赢了，因为他收服的是人心。只要人心臣服，那便没有了后顾之忧。

在这里我们可以看到，诸葛亮"擒"用的是武，以武力彰显自己强大的实力；"纵"用的则是文，以怀柔手段折服对方的内心。这一文一武的结合，正是现代管理中宽严相济的运用。诸葛亮驭人的手段，真的令人叫绝。

这文武之道，在现代管理已被广泛应用，那就是"狼性管理"与"水性管理"的有效结合。通俗一点说，即管人之事既可以借制度、纪律、处罚等强制手段进行硬性管理，亦可通过教育、感化、激励等手段进行柔性管理。

在这里，制度是刚性的，制度面前人人平等，天子犯法亦应与庶民同罪。对待制度，每个人都要遵循"火炉效应"，谁随便去触碰，都要被"烫手"。

相对地，管理者的领导手法应该是柔性的，尤其是在员工被"火炉效应"惩罚以后，应及时做好抚慰工作，即打一巴掌揉三揉。巴掌要狠，揉得更要舒服，将"无情的制度"与"有情的管理"相结合，在一刚一柔之间调教好你的团队。

由此可见，从古至今，高明的管理者都懂得运用规范的理性管理和人性化的非理性管理来驾驭下属。这两者完美地结合，便可创造出道德的管理、智慧的管理。

下面是本书为大家提供的一些管理建议，我们一起看一看。

1. 以文化凝聚下属

为下属建立共同愿景，能够直接影响他们的思维风格和行为方式。共同愿景可以转化为强大的凝聚力，令你可以轻而易举地统揽下属的思想和意志。

2. 采用精神激励法

激励下属的最佳效果是满足他们精神上的高层次需求，尤其是自我实现需要和成就感。所以，在激励时，我们不能只看重物质奖励，更要从精神层面入手。譬如，委以重任、薪酬倾斜、给予培训机会，等等，均能收到不错的效果。

3. 执法必严

"罚者，所以正乱，令民畏上也"。事实上，那些固执型的乱纪者，仅凭说服劝诫是很难令其改过自新的。是故，对于那些敢于触犯制度底线的下属，管理者必须下重手，给予其严厉的惩处，必要时果断地予以清退，以保证整个团队的稳定性、纪律性。

总而言之，管理者应深谙"文武之道"，文要文得有尺度，武要武得有策略。将文与武、刚与柔、宽与严这些看似对立的手段完美结合，让它们相辅相成，帮助你来实现管理目标。

归根结底，管理的目的就在于稳定团队秩序、提升团队战斗力。是故，在管理中，无论是"慈母的心"还是"钟馗的剑"，都应该饱含深情。管理者应常做换位思考，做到严而不酷、宽而不乱、不枉不纵。

领导者若想做到宽严得宜，恩威并用，就需谨记，在日常管理工作中，我们的规章制度要严厉，执行力必须强，但人文环境要宽松；工作作风要严肃，但相处之时多亲切，对待摩擦要宽容。只有这样，你所带领的团队才能上下一心、众志成城，将事业真正地做强、做大。

捉放曹另有玄机：使功不如使其过，让倨傲俯首听命

下属桀骜不驯，最是令管理者头疼！不用他吧，他确实才华横溢；用他吧，他又确实难以驾驭！其实，纵然是再狂傲的人也有他的软肋，你抓住了，就能让他乖乖俯首听命。在这里，足智多谋的诸葛亮给我们很好地上了一课。

在日常管理中，我们常会碰到这样一些人，他们自恃有某些方面的专长和能力，待人接物狂傲不羁，看不起同事，不尊重领导，遇到问题自以为是。对于这样的人，管得好可以成事，管不好也足以败事。

狂傲者往往自命不凡，以为自己是旷世之才，前无古人后无来者。如果一个下属狂妄到了这种地步，那真是叫管理者头痛。

对于狂傲不驯的下属，我们首先应对其性格、特性有一个基本的了解，如此才能对症下药，将他们管得服服帖帖。

譬如说，这个世界上，就没有不会犯错误的人。更可以肯定的是，任何一个人在自己犯错以后，都希望能够得到别人的原谅。因为原谅意味着别人对于自己的信任，而有了信任，一个人才能把他能够做的事情继续下去或是做得更好。

一些聪明的领导者深谙此道，他们在用人方面不仅善于用人之长，还能巧妙地"使其过"，让下属成为戴上紧箍罩的孙猴子，即使本领再大，也要乖乖听从"唐僧"的调遣。

此策略的妙处在于，它可以轻易使对方产生一种感激畏惧的心理，然后在自责、感激等心理的作用下，自发自觉地以十倍、百倍的努力去发挥自己的才智，以求将功补过，忠心回报自己的"恩人"。这就是传统的"使功不如使过"的真实效应。

诸葛亮在这方面的运用，堪称是高人一筹。早在刘备三顾茅庐时，诸葛亮就为他设计出一套成功的方案：占荆州，据蜀地，东和孙权，北拒曹操，以待时机统荆州之兵，进据宛洛；率益州之师，出击秦川，以兴汉室。诸葛亮出山之后，就是鉴此蓝图来辅佐刘备的。建安十三年，曹操基本平定北方后率大军南下，旨在消灭刘备、并吞江南。此时刘备兵少将寡，军事上连连失利。诸葛亮认为，刘备的唯一出路是联合孙权，打败曹操，先有立足之地，再图发展。于是他亲自出使东吴，舌战群儒，说服孙权，智激周瑜，促成了孙刘联盟，又从多方面帮助周瑜，为即将开始的赤壁之战的胜利打下了坚实的基础。根据诸葛亮的判断，曹操兵败赤壁后必经华容道出逃，届时生擒，如囊中取物。但捉后如何处置，倒成了一大问题。他反复分析后认为，如杀之，则中原群龙无首，势必四分五裂，你争我夺，东吴便会乘机向北发展，一旦时机成熟，将会掉过头来吞并刘备，如不杀，也已灭其主力，一时无力南侵，还能牵制孙吴。若如此，刘备则可乘机占领荆州，进军巴蜀，正符合他隆中对时的设想。鉴于此，诸葛亮便考虑起人员的调配。他认为，张飞坦率急躁，捉住曹操后是不会放走的。赵云忠贞不贰，捉住曹操是不敢放走的。而关羽，他不但义气如山，还曾受曹操厚恩，而且是主公二弟，捉曹后定会释放。何况关羽还有一大缺陷：凭借百战百胜的威名有时傲气太重，若抓住他"捉放曹"的小辫子，也可届时给他点限制。主意已定，诸葛亮便将张飞、赵云、刘丰和刘琦一一派出，唯对身边的关羽置之不理。关羽忍耐不住，就高声斥问："我历次征战，从不落后，这次大战，却不用我，竟是何意？"诸葛亮故意激他："关将军莫怪！我本想派您把守一个最重要的关口，但又一想，并不合适。"关羽很不高兴地问："有什么不合适的呢？请明讲！"诸葛亮说："想当初您身居曹营，曹操对您多方关照。这次他惨败后必从华容道逃窜，若您前去把守，必会捉而放之！"关羽抱怨他未免多心，还说自己斩颜良、诛文丑，又解白马之围，早已报答了曹操，若再遇他，决不放行。诸葛亮仍以言相激，终于激得关羽立下了军令状，才领兵去华容道埋伏起来。

果然不出诸葛亮预料，曹操在赤壁不但被周瑜烧掉了他苦心经营的全部战船，还烧毁了一连串的江边大营。曹兵被火烧水溺、着枪中箭，死伤不计其数。曹操仓皇出逃，又一路遭到赵云、张飞的伏击，最后只剩27骑，且又人困马乏，狼狈不堪地来到华容道。突然，关羽横刀立马挡住了去路。曹操吓得浑身瘫软，不住地乞求关羽饶命。其随从也一个个跪地乞怜。关羽终于念及当初，遂起恻隐之心，不顾事先立下的军令状，高抬贵手放走了曹操，灰溜溜返回大营。诸葛亮又照事先设想，特地迎接关羽，更使关羽无地自容。当关羽有气无力地禀报了原委，诸葛亮装作恼怒的样子要对他处以军法。刘备一再求情，才免了关羽死刑，令他戴罪立功。诸葛亮精心设计的"捉放曹"，完全达到了预期的目的。后人每谈及此事，都赞扬说："诸葛亮智绝，关羽义绝。"关羽心高气傲，唯有抓其小辫子才可任你驱策。

当管理者不能用百分之百的权威震慑下属，学一学诸葛亮，耍一点小手段，仍然完全可以使狂傲的下属乖乖地服从领导。

我们总结一下，其实，大凡狂傲不驯者不外乎如下特性。

1. 把自己看得很了不起，别人都不如自己，有一种舍我其谁的感觉；说话也一点不谦逊，甚至常常硬中带刺，做事也我行我素，对别人的建议不屑一顾，自信心特别强，甚至可以说是自负。

2. 自命不凡，好高骛远、眼高手低，即使自己做不来的事，也不愿交给别人去做。

3. 性格古怪，喜欢自我欣赏，听不进也不愿听别人的意见，不太喜欢和别人交往，凡事都认为自己对，对别人持怀疑态度。

关羽绝对是很狂傲的，这从他"傲黄忠"一事就可以看出，简直视天下英雄如无物。其实，当初若不是看在大哥刘备的面子上，他才不会任诸葛亮调遣。但就是这样英勇盖世、狂傲不驯的"武圣"，在诸葛亮面前最终还不是乖乖听命？原因很简单，诸葛亮抓住了关羽"重信义"的软肋，借机下套，按住了他的"死穴"。此手法就很值得大家借鉴。

大体上说，管理者可以这样做。

1. 用其所长，切忌压制打击或排挤。恃才狂傲之人大都有一技之长。因此，管理者在看到他不好的一面时，一定要有耐心与他相处，要视其所长而予以重用，绝不能因一时看不惯，就采取压制的办法，把他搁在一边不予重用，否则，只会让其产生一种越压越不服气的逆反心理，在需要用他的时候，他就可能故意拆你的台。管理者碰到这种人，就要想想刘备为求人才"三顾茅庐"的故事，毕竟你是在为整个企业的利益，而不是为你个人的利益求他。因此，在这种人面前即使屈尊一下也不算掉价。

2. 有意用短，善于挫其傲气妄念。狂傲之人虽然在某些方面、某个领域内才能出众，但他仍有他的不足和缺陷。管理者可利用这点来让他自己看到自己的不足，以自我反省，减低自己的傲气。

譬如，安排一两件做起来比较吃力估计完不成的工作让他做，并在事先故意鼓励他：好好做就行，失败也没关系的。如果他在限定的时间内做不好，仍然安慰他，那么，他就一定会意识到自己先前的狂傲是错误的，并会从此改正。

狂傲之人一般对自己说过的话不负责任，信口开河，说自己样样都能，其实他能干的也只一两个方面。这时你不妨抓住他吹嘘的话，说这件事情全公司人都做不来，只有他行。而给他的恰恰是他陌生或做不好的事情。他遭到失败是在情理中的。失败之后，同事肯定会嘲讽他，令他难堪，这时作为上司的你要安慰他，不要让他察觉出你是故意让他出丑，这样他就会服帖，虽然不可能彻底改掉狂傲的脾气，但你以后使用这种人时就顺手得多。

3. 敢承担责任，以大度容他。恃才狂傲的人总认为自己了不起，做什么事都显得漫不经心，以表现出自己是多么有水平，随便就可以把一件工作做好。所以，常常会因这种思想而把交给他的事情办坏。这时候，作为上司切不可落井下石，一推了之。相反，要勇敢地站出来替他承担责任，帮他分析错误的原因。这样，他日后在你面前就不会傲慢无礼了，他会用他的才能来帮助你工作。

不过，在这一策略的运用上，我们还是需要有所注意的。

1. 必须具有宽容的气度。下属犯错，却要给予他足够的尊重，这似乎有些强人所难，但这同时也体现了管理者的雅量与风度。管理者要想令下属心悦诚服，没有起码的宽容气度是万万不行的。

2. 心术要正。此计的根本目的是使其认识到自己的错误，并在此基础上努力改正，为团队创造出更多的利益。倘若管理者心术不正，出于某些阴暗想法有意陷害下属，抓他们的小辫子加以威胁，以达到自己不可告人的目的。那么，这个策略就变质了，这样的领导只能说是一个皮厚心黑的"厚黑专家"。

总而言之，管理者对待狂傲者不能示弱，也不能一味逞强，要以足够的管人智慧找到让他俯首听命的有效方法。在这里，方与圆的真义得到了极深刻的体现。

的确，有时使功，不如使过。无论是秦穆公用孟明，还是李渊对李靖的"使功不如使过，靖果然"，及至后来的康熙对徐乾学讲"使功不如使过"，这些人可以说都将"功过利害"分析得透透彻彻，运用得炉火纯青。何以"用功"反而不如"用过"？其实说直白些，无非是因为有过之人往往需要更加谨慎小心，而恃功者则往往会居功自傲，难以使唤。管理者只要读懂下属的这种心理，就一定可以将工作开展得更加顺利。

谨以此书献礼

中华人民共和国诞辰70周年
兰州理工大学诞辰100周年